成长的印记

——正面教育40例

黄琦 著

山东教育出版社

序

作者黄琦躬耕教育三十余载，是一位资深的教育专家。她任职在教育主管部门，曾担任过大学校长，而且有过二十多年的大学教师经历，教育教学管理和研究经验丰富。在教育管理岗位上既分管过基础教育，也分管过高等教育，亲身经历和参与着新世纪山东教育的改革创新工作，当前仍在为积累和创造鲜活的教育实践经验而辛勤耕耘着。她勤学乐思，对国内外教育理论多有涉猎，特别是利用在美国培训的机会，深入考察，对比分析中美教育之长短，形成了独到的见解。

我与作者曾为同事，又有幸与其兼具同学之情、同乡之谊，与之相惜同行至今。在我眼中，她是一位既温文尔雅又智慧大方的教育专家，一位外表柔和又内心坚定的领导干部，同时更是一位知性且兼具人文情怀的现代女性。她认真优雅地经历着人生岁月的洗礼和工作岗位的历练，把集教师、领导干部、母亲、妻子、女儿、朋友等于一身的角色演绎得从容而精彩，不仅成就了自己的事业、维系着大家庭的和谐，也培养了优秀的儿子，还为许多身边人提供了孩子成长教育的帮助。回忆我们一起度过的时光，之所以性情相投、历久弥新，不仅在于相处中她时时体现关爱如姐之风范，更是因为她在大事小情点点滴滴中展现的成熟气度、理性思维令我敬佩折服。在她身上既散发着中华女性传统美德的幽然芬芳，又洋溢着现代知识女性的动人风采，生命中处处彰显着平和的张力。

前年深秋，黄浦江畔，我们在一所大学的操场上散步漫谈。当谈到即将成家的儿子时，她慨叹着一个新时代的开启。在繁星满天、绿草如茵的操场，陪伴和教育儿子成长的记忆随珠玑之语如画卷般展开。我也是一位母亲，早年受自然主义教育思想影响，对自己的孩子几乎是放养的，与她理性成熟的家庭教育理念相比真有些相形见绌，因此我迫切表态愿闻其详，期待着她能把自身的育儿经验、教育理念形成文稿，为更多的父母提供借鉴。

去年，我到山东省妇联任职，由于工作关系，更多地接触到

当前家庭教育现状，深感这些年我国的家庭教育存在诸多的误区和乱象。在公众层面，尚没有充分认知和理性地对待家庭教育、学校教育与社会教育的关系；在家庭层面，很多父母只是履行着自然家长的职责，对家庭教育、孩子成长缺乏正确理念和科学知识，称不上合格家长，优秀家长更是凤毛麟角。儿童是祖国的未来、家庭的希望。家庭是人生的第一个课堂，父母是孩子的第一任老师。家庭教育是奠定健全人格、习惯养成的基础，家庭教育的作用不可替代。这必须引起全社会和千千万万个家庭、亿万父母的高度重视，科学理性地积极践行。

习近平总书记多次强调：“不论时代发生多大变化，不论生活格局发生多大变化，我们都要重视家庭建设，注重家庭、注重家教、注重家风”，“广大家庭都要重言传、重身教，教知识、育品德，帮助孩子扣好人生的第一粒扣子，迈好人生的第一个台阶”。李克强总理指出：“要发挥妇女在家庭生活中的独特作用，创建文明家庭，倡导科学家教，弘扬良好家风”。近期，全国妇联、教育部分别出台意见，对指导推进家庭教育工作做出部署，一个全社会关心重视家庭教育的氛围正在形成。

又是深秋收获的季节，金鸡岭下，黄琦捧出了《成长的印记》十多万字书稿，嘱我作序。恰逢习近平总书记在接见全国第一届文明家庭代表时就家庭文明建设发表重要讲话、李克强总理在第六次全国妇女儿童工作会议上对家庭教育提出明确要求之际，此书的问世可谓应运而生。我急切地捧读书稿，一位充满爱心、责任感和科学态度的母亲形象跃然纸上。《成长的印记》由“品德篇”“学习篇”“健康篇”三个篇章、四十几个小故事串联而成。作者回顾梳理了自己及亲友的家庭教育实践经历，以故事的形式加以叙述，把教子实践中的探索和思考加以真实再现，并将自己多年积淀的教育理念和思想予以凝练表述，把对中美基础教育差异的认知理解穿插其中，既毫无保留地总结经验，也毫不回避地坦陈教训。作为一名大学生的母亲，我边读文稿边回忆着自身的育儿经历，与之相通处会心一笑，较之未及处躬身自省，留下遗憾处轻声叹息，不知不觉中竟不忍释手，一气读完，深受教益。

作者将先进的教育理念巧妙地运用于教子实践，从教子实践中又探索出了科学的家庭教育方式方法，睿智地修身齐家，以身

作则、潜移默化地影响孩子。在这本书中，她用饱含深情的文字娓娓道来，与读者分享着如何“言传身教”、如何“帮助孩子扣好人生的第一粒扣子”、如何处理学校教育与家庭教育的关系、如何合理地运用鼓励与惩戒手段、如何促进儿童身心协调发展等现实问题，以其理性的思维与实践给出了生动形象的答案，而这些问题也正是千万父母抚育孩子成长过程中大多会遇到的困惑。现在都说不能让孩子输在起跑线上，其实，家庭教育为孩子一生奠基，父母的素质才是孩子真正的起跑线。我们很多事都说要从娃娃抓起，我认为提高全民族素质应该从父母抓起、从提高家庭教育水平抓起。父母若能先知先觉，增强家庭教育的科学性、智慧性，克服盲目和溺爱，更有针对性地培养孩子的优良品质和健康人格，必将促进亿万儿童健康成长。

实现中国梦，先育筑梦人。我们应该站在时代发展和民族进步的战略高度认识家庭教育的重要性。只有亿万父母承担好家庭教育的主体责任，用科学的理念、正确的方法引导教育孩子，培养出身心健康、热爱祖国、乐于奉献的下一代，国家才能昌盛，民族才能复兴。

《成长的印记》字里行间流露出一位母亲对孩子的拳拳深情，同时也彰显着一位资深教育工作者的责任担当与家国情怀，为实施科学家庭教育、提升母亲教子素养提供了借鉴与思考。“家长好好学习，孩子天天向上”。愿此书可以帮助更多的年轻家长学习掌握科学的家庭教育理念、知识和方法，促进更多的儿童健康成长成才，培养出更多的社会主义合格建设者和可靠接班人。

是为序。

邢善萍

2016年12月16日

前言

家庭教育是人生教育的起点，是学校教育和社会教育的基础，是国民教育体系的基石。从言谈举止到生活习惯，从是非判断到价值追求，从做人修养到道德自律，这些都是形成一个人良好人格素质的诸多方面，无一不与从小所受的家庭教育密切相关。

在中国，要是谁家的孩子被别人斥为“没家教”，家长则无地自容，如果该家长恰巧也“没家教”，那么恼羞成怒、大打出手甚至引发一场血战也不无可能。这说明，“家教”已经进入中国老百姓价值认知和价值判断系统，而且从某种程度上说已形成了价值底线。家长们的思想深处大多是重视孩子的家庭教育的，至于有时效果并不那么理想，多半是方式方法问题。有了孩子，你就成了家长，从这个意义上说，家长是自然生成的，但是，能够给予孩子好的家庭教育，保证下一代健康成长的合格家长却是要通过不断学习、交流、进步才能长成的。

几年前，一个偶然的契机引发了我总结教育孩子的经验和教训的兴趣，并且由于职业惯性，自然而然地连同学校教育和社会教育一同思考。恰逢目前从中央到地方都在重视家教家风，弘扬家园情怀，各地以家庭文化为主题的活动也方兴未艾，作为一名教育工作者理应参与其中。于是，我把自己的思考与总结汇集成册，按内容主题归类成“品德”、“学习”和“健康”三个篇章，悉数奉献给读者，供大家讨论、借鉴或批评。

作　者

目录

品德篇

学习篇

品德篇

"小胜靠智，大胜靠德"

品德是孩子成人成才的根基

所有忽视品德教育的教育都是无效的

世界上的事情可以分为三类。一类是必须做的，另一类是绝对不能做的，其余的是可做可不做的

我在大学工作期间，一天，办公室里踉踉跄跄地进来一位学生家长。当这位妈妈确认我就是她要找的人之后，“扑通”一声就跪下了。我莫名其妙，赶紧扶起她并问清缘由。从穿戴和气质上看这是一位知识型妈妈，不到绝望时是不会做出如此不顾尊严之举的。是什么事使这位妈妈如此绝望呢？从她声泪俱下的叙述中，我了解了事情的原委。

她的儿子是我所在学校大三学生，由于一次考试作弊被学校按校规取消了授予学位的资格。这件事使这位妈妈几近崩溃，一是为儿子的行为而羞愧，更重要的是为儿子的前途而绝望。“没有了学位这个大学不就白念了吗！他肯定找不到工作了，怎么办啊？”说着又一次要下跪，口中反复央求着：“救救他吧！救救他吧！”看着由于孩子的错误而情绪失控的母亲，我感到很揪心，但是情是情、法是法，校规校纪必须严格执行。我对她动之以情晓之以理，同时又为她提了一些以此为契机教育儿子痛改前非、

发愤图强的建议，这才渐渐稳定了她的情绪。我认为，在学校严格的规章制度约束和老师的三令五申下，该学生仍然心存侥幸、铤而走险，其成长过程中家庭德育的缺失是有不可推卸的责任的。从小树立起来的价值体系才是根深蒂固的，这个家庭在家庭教育中没有给孩子划清底线和红线，没有让孩子树立起一个正确的价值观。后来我又与这位家长通了几次电子邮件，谈了我的观点，她深以为然。

还是一个有关考试的故事。一位朋友的孩子考上了重点大学，临行前朋友照例语重心长地嘱咐儿子几件事。妈妈说：“儿子要记住，考试分数多少都没关系，不及格可以重修，但一定不能作弊”。没想到这句语重心长的话惹得她儿子恼羞成怒，气得两天没有与妈妈说话。原来，他认为妈妈给他这样的告诫是在侮辱他，“这样的事情还用得着嘱咐吗？难道我是这样无原则无底线的人吗？这不是小看我、侮辱我吗？”他受不了了。

听完朋友的叙述，我祝贺她对孩子品德教育的成功。尽管孩子的表现有些过激，但这正说明孩子已经形成了明确的价值取向和清晰的道德底线。这样的孩子走入社会能否有成就另当别论，但其做人的行为方式和道德水准应该会让人放心。

从大的方向来说，家长都会重视对孩子进行是非教育和守法教育，都想让孩子成人成才，即使是有过一些道德瑕疵的家长也会希望自己的孩子成为有道德的人，所以在家庭教育过程中家长们对大是大非教育一般是能够把握的。但是有些似乎处于“模糊地带”的事情可能会被家长忽视，有的甚至为了让孩子“不吃亏”会怂恿孩子踏入一些道德“模糊地带”，比如闯红灯、占个小便宜、编个谎言、考试时偷看几眼等。这些家长可能会认为这些都是“小事”，可是这里要提请家长们注意的是，成年人对于事情“大”与“小”的判断完全不适用于孩子，孩子的知识背景、调适能力、标准参照等都与成人不同，从某种程度来说，事情不论大小只要性质相同对孩子的影响都是一样的。积小成大、积少成多，从量变到质变，往往就会出现上面所说的失足成恨现象，甚至可能会更加严重。

从小就要让孩子知道世界上的事可以分为三类，一类事是必须做的，比如赡养父母、服务社会等；另一类事是绝对不能做的，比如赌毒骗偷、贪赃枉法等。这两类事与你愿意不愿意、是否有兴趣、是否有能力都没

有关系，该做的没做好或者做了不该做的事，都是要受到惩罚或付出代价的。只有第三类事可以商量，比如助人为乐、捐资奉献、科学攻关等，这些事与教育程度、思想境界、能力兴趣、主观意愿、社会环境等有关。妈妈们应该不失时机以事实为例，通过各种教育形式为孩子树立一个正确的价值体系，并在体系中划清底线和红线，必做第一类，不做第二类，尽量多做第三类。

诚信教育从守时开始，守时习惯从幼时养成

假期的一天，几家好友相约带上都还在上小学的孩子一起乘火车出去旅游。朋友们都早早地领着孩子到我家集合了，数数人头就差我儿子一个人了。出发时间一点点逼近，儿子依然不见踪影。朋友们着急了，“嗨，这孩子哪儿去了？”“再不回来就赶不上火车了。”“赶快找找去。”只有我泰然自若，不急不躁，说：“他去操场玩了，我和他约好三点之前回来的，还有6分钟，他带着表呢，应该一会儿就能回。”朋友们不客气地责怪我，“孩子的话也能信？”“玩起来还顾得上看表？”“我去把他找回来。”其

中一个说着就要往外走。正在这时门开了，儿子满头大汗地冲了进来，一看满屋子的叔叔阿姨焦急的表情，连忙说："我没迟到吧。"松了一口气的叔叔阿姨们对儿子如此守时由衷地表扬了一番，我好不得意。现在，儿子已经步入社会，他"守时"的这一大优点为他的工作生活以及和谐的人际关系提供了良好的帮助。

其实培养儿子"守时"这一品质并不容易，记得在他4岁左右的一天上午，我前两节有课，必须早早走出家门，先送他去幼儿园，然后再去教室上课。早上起床后，我就给他说明情况，让他动作快一些，告诉他今天要比昨天早走一些。他置若罔闻，揉着惺忪的睡眼，磨蹭着穿衣，磨蹭着刷牙……眼看着来不及了，我一边帮他整理衣服一边对他说："马上就到上课的时间了，满教室的学生都在等我，我不可以迟到"，"你要是再磨蹭，我就先走了，你自己去幼儿园吧。"话音刚落，他就大哭起来。尽管幼儿园就在校园内部，离家也不远，但是他从未独自去过。估计他不知所措了，干脆啥也不干了，来个耍赖，连着没睡醒觉的怨气一起，就站在那儿闭着眼大哭起来。一看这情景，我干脆不帮他了，想以此来强化一下他的时间观念。于是我说"我最多只能再等你5分钟，否则我就真的迟到了"。他听完倒是开始动作了，但是还是边哭边磨蹭，估计以他的年龄也无法判断5分钟的长短。5分钟一到，我一狠心，丢下大哭的儿子果断走出家门，走的时候还要求他出门一定把门锁好。他哪里知道，我跑到一楼快速地把情况告诉了邻居，请他帮忙照看儿子。下课回来听邻居对我说，当儿子判断妈妈真的走远了以后就不再哭了，锁上门快速下楼，并沿着每天上幼儿园固定的路线一路小跑到了幼儿园，邻居按照我的要求一直尾追其后没有露面，儿子顺利地完成了他人生中第一次独立远行。下午放学时，儿子早已忘却了早上的委屈，老远就扑我而来。我就在高兴快乐的气氛中把他早上的表现、守时的重要性、老师上课不能迟到这是职业道德、5分钟大概有多长等等一一向他说明，不失时机地达成我的教育目标，他懂事地“照单全收”，从此儿子的时间观念强化了一大步。

诚信教育的重要性不言而喻，每一位家长都会重视。但是把守时教育作为诚信教育的切入点以及一个重要部分，坚持不懈并取得好的效果的并不普遍。一些家长对这一点没有意识，甚至认为这些都是小事，没有把它与守信践诺联系起来。其实，守时的品质对于一个人的成人成才与成功非常重要，守时看似小事，实则是一个人的人品与修养的大事，千万马虎不得。试想，在工作、生活以及人际交往过程中，你会把一件重要的事情托付给一位毫无时间观念的人吗？是的，你应该不会，因为你不放心。一个让别人不放心的人品格是不完善的，其发展之路必定会受到限制，威信和声誉会受到影响，交友、做事的成功率也会大大降低。

守时要从幼小培养，从一点一滴做起，从小事做起，比如几点睡觉、几点做作业、玩耍多长时间等。家长的以身作则毋庸赘述，关键是要让孩子自己设定目标自己完成，自己承诺自己兑现，学会自己管理好自己的时间。要坚持引导，锲而不舍，持之以恒，直至习惯成自然。

礼仪教育要从小时小事做起

《三字经》开篇就讲："人之初，性本善，性相近，习相远。"生活习惯、行为习惯、礼仪习惯等，是一个人社会形象的重要标志，也是这个人家教好坏的重要体现。所谓某人家教的好或不好，往往是从其举手投足的小事中自然流露的，我们通常也是从一个人待人接物的细节习惯中判断其家庭教养的，而细节习惯的养成关键在幼小，如果家长对孩子从小疏于引导，形成不良习性，成人之后就积重难返了，那可真是“子不教，父之过”了。

记得在美国学习期间参加了一个美国家庭的聚会，召集人家庭是我的“Host family”(友好家庭)。夫妇俩当时都35岁左右，没有自己的孩子。丈夫是学习历史出身，酷爱中国文化，所以就收养了一个中国小女孩，取名Lily，悉心教养，视为己出。当时Lily约5岁。

参加聚会的几个家庭中的几对夫妇彼此年龄相仿，都带有一至两个10岁以下的孩子来参加聚会。我赶到时有几家人已经先到了，大人们在露台上聊天，孩子们则在草坪上奔跑玩耍。使我吃惊的是一向松散随意、一身牛仔走天下的美国人，居然都把孩子打扮得隆重、正式。女孩一律漂亮的礼服裙，男孩则都是一身小西装，还打着领结。穿着粉色“公主裙”的Lily热情地飞奔过来给我一个大大的拥抱，我由衷地夸奖：“Lily今天真漂亮”，她礼貌地报以微笑，回答“谢谢”后就又和小朋友玩耍去了。我与大人们一一打招呼并作自我介绍。这时迎面走过来一位面带微笑的妈妈，领着一位七八岁大的小男孩。只见妈妈与儿子耳语了几句，儿子马上一本正经地走过来很绅士地伸出右手与我握手，面带笑容地说："你好，很高兴见到你。"我也赶紧回礼，然后就走过去与别的家庭的人打招呼了。过一会儿，只见那位妈妈笑盈盈地又走了过来，小声对我说，"能不能麻烦你帮个忙，再与我儿子握一遍手。"我不解地问："当然可以，但是为什么呢？"她说："我观察他刚才与你握手的动作很敷衍，需要改正。我正在教他礼仪，所以麻烦你帮个忙。"我心里想："怎么敷衍了？挺好的啊，作为男士先伸出右手，同时也说了欢迎的话。我倒要看看这位妈妈是如何严格要求的。"于是我就配合地微笑着向男孩走了过去，男孩分明是接受了妈妈的教诲，再一次微笑着向我走来，伸出右手，同样说着："你好，很高兴见到你。"我回礼。仔细体会，与刚才握手不同的，一是小手更加有力；二是他说话时始终抬头看着我的眼睛。男孩看了看妈妈，妈妈满意地点头，微笑着又给儿子交代了几句，男孩高兴地向我摆了摆手跑到孩子堆里玩去了。妈妈这才向我解释说："他老是改不掉与客人握手不看着客人眼睛的坏毛病。"哦，原来如此。我习惯性地用中国式的宽容说："他还是个孩子，长大就好了。"她马上一本正经地纠正说，"不，孩子不学习，长大是好不了的。""习惯都是从小养成的，长大再改可就难了。”仔细想想，我深以为然。于是我们就孩子的教育问题聊了起来，总结起来这位家长的做法，一是“从小事做起”；二是“从幼小做起”。同时，在整个施教过程中始终有一个重要的理念，那就是“平等”，不以“孩子还小”为借口去放纵孩子的不当行为，不论孩子多大年龄，在人际交往中都是一个独立的个体，而不是大人的附属。他要用他独立的适合于那个年龄的交往礼仪去交往，大人代替不了。这时候我突然理解了我们经常议论并且大加赞赏的美国孩子的“独立性”的内涵。这个“独立”不单单是到了一定年龄经济上的独立，更重要的是在孩子成长过程中人格的独立以及作为社会人存在的独立，由此带来的诸多从幼小就建立起来的独立意识和理念，对其成人后的独立思维、独立生活以及独立创业等都是一脉相承的。

相比较而言，我们的家长在对于孩子的教育中，“独立”和“平等”的理念就欠缺了些，所以就会出现很多家长惯常对待孩子的两种现象。

一种现象是“无视”，在家庭社交活动中根本不把孩子看做独立的“人”。这种现象多是出现在我们这一代人的幼儿时期，即上世纪60—70年代。此时国家尚未实施“独生子女”政策，孩子还不那么金贵，那时的家长一般是不让孩子参与大人的社交往来的，每当家里来了客人时，家长事先不是把孩子撵到外面去玩，就是把孩子关在屋里，直至客人走了方被招回或者放出。家长总是有这样的思想，就是大人的事小孩不要管，大人说话小孩不要插嘴，所以很多孩子从小就没有人际交往的训练和经历，致使那一代人有很多都有交流障碍，大庭广众之下面红耳赤说不出话来的情景并不罕见，更别说什么待人接物的礼仪了，有的甚至见人连“你好”“再见”这样的日常礼貌用语都没有使用过，见了大人就是一低头一红脸“逃之夭夭了”。

第二种现象就是“放纵”，多出现在当今时代。国家实施了计划生育政策以来，一对夫妇只有一个孩子，大家庭中上下几代人对唯一的孩子的溺爱随之而来，同时由于国家的改革开放，西方的教育思想被广为引进和借鉴，什么“独立人格”“自由发展”“张扬个性”等词语更是被众多家长所推崇，可惜多半只是接受了一鳞半爪，理解得一知半解，使得一些家长既丧失了中国教育的传统，又没有掌握西方教育的真谛，从而造成了一些家庭借“自由”“独立”之名，行放纵之实。

记得多年前参加过一次某单位年终聚会，年轻员工大都带着孩子前来。孩子们穿梭于各桌之间嬉戏打闹，全然不顾大人的往来交流，大人们也乐得轻松自在，不管不顾。宴会还没正式开始，孩子们已经把事先摆到餐桌上的点心或糖果哄抢殆尽，父母们仍然视而不见。有两个孩子居然把盘子里的糖果大把大把地往自己的衣兜里装，见此情景，孩子的家长才轻描淡写地加以制止："好了好了，差不多了哈。"或者说这种制止更多的是做给别人看的，她们内心真正的想法可能是只要孩子不吃亏就行。开宴以后的情景更是不忍目睹，大人都还在听单位领导的祝酒演讲之际，一些孩子已经大吃特吃了，有个孩子甚至把自己喜欢的一盘菜拉到面前搂在怀里。有同事实在看不下去，半真半假地说："你这孩子也真该管管了。"其母回复说："孩子嘛，再说现在的孩子也不能管得太死，要让他的个性得到自由发展。"不一会儿，孩子们就率先吃饱离席玩耍了。孩子们跑得满屋都是，大呼小叫，吵吵嚷嚷，鸡犬不宁，没有一个母亲制止自己的孩子，似乎谁制止谁就吃了大亏：为什么我要制止自己的孩子，别人的孩子不都这样吗？突然两个男孩打了起来，一位家长跑了过去，不但没有批评自己的孩子反而冲着别人的孩子喊："你比他大两岁，就不知道让着弟弟些吗？"那个"大两岁"的男孩突然委屈地大哭起来："他

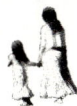

先打我的，小就有理吗？就不让他！就不让他！”说着就又向那个小男孩冲了过去。

这次聚会变成了家教经典案例大集锦。真替这些家长们可惜，这种大型聚会本来是教育孩子懂礼识礼践礼的极好机会，就这样白白地被她们浪费了。可能还不止是浪费了一次机会，对于孩子来说，这样的年龄经历这样规模的大场面的机会也不会太多，想必也会印象深刻，所以他的所见所闻所做都会对其以后的待人接物产生影响。不知家长们回家后会对孩子进行怎样的总结和补充教育，如果没有，只是让孩子自己悟出其中的正误得失，那可就五花八门啦。

礼仪教育重在养成，重在熏陶，重在以小促大。仔细留意一下自己的社交活动，“接待”与“被接待”常常进行，就最常见的“握手”而言，政商要员、平民百姓等各界人士中不会握手的还真不在少数。有握得太紧久久不放松略显轻浮的；有四指伸得僵硬挺直显得极不自然的；有弯腰屈膝显得过于谦卑的；有左顾右盼显得敷衍了事的；有眼睛低垂显得极不自信的……这些握手的表现看似一瞬间，但只这一瞬间就可显露出其修养、教育背景甚至家庭环境。

礼仪教育是家教的重要组成部分，举手投足、待人接物看似一般的礼貌教育，实则关乎孩子的道德修养和人格健全。不要以“事情细小”为由而放弃对孩子由浅入深循序渐进的教育机会，不要以“孩子还小”为由而放纵孩子的不良行为。要平等地把孩子视为一个行为独立体，使其有自我、有尊严、有责任，利用其日常点滴的行为方式进行教育和引导，使其把规范变成习惯、把习惯变成气质。

家长要勇于承认错误，知错就改，以身作则

这是一个迟到20年的道歉。几年前，儿子研究生毕业马上就要独立走向工作岗位了。我和他聊天，总结我们在成长过程中的成败得失。我突然感到儿子成长得太快了，还没容我好好地陪陪他就长大了，就要单飞了。儿子年幼时我们一家人温馨的情景一幕幕浮现在眼前。柔和的灯光下，一家人围坐一圈，吃着热腾腾的饭菜，叙说着彼此的见闻；周末我们一起爬山，仰面朝天躺到大石头上晒太阳，畅想着儿子长大了是当科学家呢还是做音乐

家；还有他骑小自行车我骑大自行车，我们俩穿越城市十几公里去游览参观新建的西游记宫……想到这些我百感交集，真有“时光如梭，转眼就是百年”的感觉，看着眼前的儿子已经成长为标致帅气的大小伙子了，我既高兴又伤感，儿子此时又有何感慨呢，于是我就问：“儿子，小时候哪些事你记忆最深、对你影响最大呢？”我本想让他总结一下我的“丰功伟绩”，作为我难以平静心绪的一丝安慰，谁知他想了想淡淡地说：“都是潜移默化，也不好说哪件事。嗨，对了，你欠我一个道歉，我到现在还记着呢。”我一愣，马上本能地否认：“不可能。我这个当妈的有错都是当面向你承认，不可能欠着的。”然后想了想又心虚地问：“啥时候欠的？”“最起码20年了，有一次我骂人了……”

哦，我想起来了。那大概是在儿子6岁左右，一个周末，我带他爬山。山脚下路两边摆满了地摊，水果、球鞋、拐杖、玩具……应有尽有。我和儿子一路走一路看，有时还问问价，突然儿子看到一把他喜欢的玩具冲锋枪，二话没说上去就拿了过来，然后两腿叉开摆出扫射状。摆好姿势他把食指熟练地放到了扳机上，瞪起双眼左右寻找着目标。大概是因为行人的高度都不太适合他的枪口，转眼一看坐在地上卖枪的摊主高度正好与枪口平齐，他马上把枪口对着摊主模仿着电影里的情节吼道：“八格牙路！你他妈的说不说，不说老子毙了你！”摊主生气了，马上喊了起来：“这谁家的孩子？骂人都不管啊，不管我替你管了。”我正在隔壁的摊点浏览，一看儿子闯祸了，马上跑过来解围。“对不起，对不起！”一个劲儿地道歉。摊主一看家长来了并且道了歉，也就不再说啥了。人家虽然不追究了，可儿子并未意识到自己的错误，我对儿子说：“赶快给叔叔道歉。”谁知，儿子还在他的剧情里没出来，拒不道歉，手里握着的枪也不放下。儿子尽管是在模仿电影台词，但毕竟是句骂人的话，还不肯认错，这使我很没面子，也让我感到常年坚持的教育不都白费了吗。我越想越生气，举起手想打他。可又一想当街打孩子也不是文明的做法啊，于是就换了个方式，靠近儿子的耳朵低声威胁他说：“快给叔叔道歉，否则别怪我打你。”此时，儿子放下了枪，可他好像突然在脑子里转换了角色，表情仿佛是抗战片里英勇不屈的大英雄，抬头挺胸，闭嘴怒目，仍然拒不道歉。人家一看孩子那小小的倔模样，反倒忍俊不禁，不追究了：“算了，算了，孩子小，不懂事嘛。”可我觉得孩子始终没有认错，不能就这么算了，但威胁已不好使，我又换了个方式说：“儿子，的确是你错了，你认个错，给叔叔道歉，妈妈回家就不打你了。”这时儿子大概才从编剧模式回到现实，主要是听到“回家不打你了”这句话，就乖乖地说：“叔叔，对不起！”事情似乎就这样过去了，可我认为儿子居然当街骂人，这已然突破了底线，不就此刹住那还了得。所以，我走一路唠唠叨叨教育了一路，回家后还是不守信用地打了他屁股。儿子对这一顿打极不服气，认为“妈妈说话不算话”，说我应该给他道歉，但我当时硬撑着没理他，渐渐也就忘了。谁知这件事在他小小的心灵里扎了根，二十年都不曾忘记。

好在类似的事情在我与儿子之间再没有发生过，事到如今，因儿时游戏而产生的一次小小纠纷道不道歉，我和儿子都可以一笑而过了，他也不承认此事对他的成长有什么不良的影响。但在彼时某段时间对儿子正确价值观的形成以及对是非的判断等有无不良影响，我真的不得而知。这只仅此一次，如果家长不能信守诺言的事情经常发生而又不给孩子一个适时合理的解释，将必定会对孩子诚信品德的建立和家长威信的树立起到负面影响。还有些家长认为孩子小不记事，很快就会忘记的，不必在意。这不，都20年了，还记着呢。

千万不要忽视孩子的童年记忆，有些不良事件即使孩子把事情的情节忘记了，但影响会一直都在。根据著名精神分析学家弗洛伊德的理论，任何一个成年人现实现下的行为，都可以被追溯到遥远的童年时代某个细小的经验。意大利著名幼儿教育家玛利亚·蒙台梭利也说过：“成人的幸福是与他在儿童时期所过的生活紧密相连的。我们的错误会落到儿童身上，给他们留下不可磨灭的痕迹。我们会死去，但我们的孩子将承受因我们的错误而酿成的后果。”家长做错事说错话不要紧，要紧的是要及时改正，这样既能消除错误对孩子的影响，又以身作则地为孩子做了一次知错就改的榜样。

人无完人，家长也一样。家长在孩子面前犯了错误，应及时向孩子承认、道歉并改正，以实际行动来诠释“知错就改”的具体含义，以得到孩子谅解，解开心结，及时消除在孩子心里留下的阴影，让孩子心理更健康、更坦荡、更阳光。同时也能更好地在孩子心目中树立家长的威信，使孩子听其言、信其道、效其行。

让孩子参与家庭建设，从小培养孩子的责任感

儿子刚上初中不久，单位领导找我谈话希望我负责一个较大部门的工作。平心而论，我是喜欢这部分业务工作的，而且自认为也能胜任。现在回想起来这应是一个关键的大平台，是我职业生涯发展中的一次重大机遇。但当时可没想到这些，只是想如果接受这项工作，繁忙程度可要增加好几倍，而且要几个校区、几个城市来往穿梭，怕是会大大影响对孩子的照顾以及对其学习的监督和辅导，他必须学会自立、自理、自觉。儿子能够做到吗？实际上通过小学五年的引导，儿子的学习态度、学习习惯以及日常生活情趣等都是非常健康的，基本的自理能力也是有的，我大致可以判断从他进入初中开始逐渐“放手”应该没有问题。但是我还是决定通过这件事提高他的责任意识和行为自觉性，让他意识到他的行为准则、学习习惯和自理能力等并不仅仅关乎自己，而是对于自己和家庭都很重要。于是我思考成熟以后，在某天晚上与儿子进行了一次征求意见式的交谈。我阐述的主要观点是，“我是你的妈妈，对你的健康成长负有责任。同时我也是职

业人，妈妈自己也要发展和成长。但是人生不同时期有不同的重点，如果我的成长会严重影响到你的成长的话，我可以调整节奏，目前这个阶段以保证你的成长为第一要务”；“一个家庭每个人都是健康的，生活才是健康的；一个家庭每一个人都努力，生活才能越来越好”；“在人的成长过程中，机遇是非常重要的，我想抓住这次机遇，但是你必须帮助我，我需要你的帮助”。这次谈话我是精心准备的，我考虑要突出这么几点，一是要平等，把儿子当做家庭建设的重要成员，而且要肯定他的能力和作用，使他顿升荣誉感和责任感；二是绝不能以悲情角色出现，什么“为了你，牺牲了我自己”，“自从有了你，我的事业就被耽误了”，等等，类似的话都不可以讲，因为这样会使孩子有一种负罪感，会认为自己是多余的、累赘的，会影响孩子的自豪感和自信心；三是要引导孩子自己对事情做出判断，自己做出承诺，自己去兑现。谈话在这三个原则下顺利进行。我慢慢地讲，儿子认真地听，听明白了也理解了，最后，他像一个男子汉一样对我说：“你说，让我怎么帮你？”我殷切地说：“你要自觉地完成自己的学习任务，保证学习成绩稳定，同时要学会生活基本自理。”他胸有成竹地说：“就这个呀，没问题，完全可以做得到。”我顺势说：

“你可要说到做到啊，那我就去给我的领导复命，接受任务了？”他肯定地说：“去吧，我说到做到。”他果然说到做到了。

之后的时间，在保持了学习的自觉性和成绩稳定性的同时，他还学会了做一些简单的饭菜，以防我和他爸爸都不能及时下班时他也不至于饿肚子。

有些人认为事业和家庭不能兼顾，自己发展了事业、成就了自我，就必然要以牺牲家庭生活、牺牲孩子的教育为代价。然后，往往又会出于对孩子、对家庭的愧疚，以给孩子丰富的物质享受来弥补对其精神滋养的亏欠，从而放纵孩子的骄横跋扈和不劳而获，有些甚至导致自己以权谋私、贪污腐败。从一些腐败官员的“反省书”中可以发现，这甚至成了许多官员腐败堕落的“经典路线”。世人在感叹这些“拼爹”孩子的“坑爹”行为时，有没有想过是孩子坑了爹，还是爹先坑了孩子？从某种程度上说这是教育理念问题，他们没有把孩子当做家庭的建设者，而是把孩子自然设定成家庭建设的旁观者、建设成果的接收者和别人劳动成果的获得者，没有让孩子认识到自己也是家庭一分子，也肩负着参与家庭建设和家庭活动的责任和义务，孩子当然也就没有建设和参与的主动性，没有艰苦的付出过程，因此也就很难对自己的所获所得有足够的认识并加以珍惜。

家庭建设和家庭活动有大有小，让孩子力所能及地参与并不难，也不会因此而占用孩子的学习时间（这是很多家长所担心的），只要家长对这一问题认识到位，从思想上真正把孩子作为家庭建设的一分子，那么孩子就会自然而然地参与。例如参加家务劳动，有些家长为了激励孩子做家务，动辄就和金钱挂钩，什么洗一次碗给10元，扫一次地给5元，等等。要知道孩子不是你家雇佣的小工，用这种方式不但培养不出孩子的劳动习惯和热爱劳动的品质，更培养不出孩子的家庭责任感。如果家长以上述理念，把这些日常家务活动以义务的方式自然交代给孩子，效果会更好。家长有时间可以与孩子一起干，一方面是很好的亲子活动；另一方面也能亲手给孩子传授家务劳动技能，久而久之，孩子养成了劳动的习惯，认识到了自己的责任，同时还提高了劳动能力。再比如，让孩子参与讨论家庭旅游计划的优化问题，承担家庭来客的接待，省下部分零花钱共同为家庭购置物品，等等，都可以在日常生活过程中自然而然地进行。对家庭活动的参与，既能增强孩子的责任感和担当意识，又是对其以后步入社会、参与社会活动能力的前期模拟培训。

要让孩子作为“家庭共同体”的一员参与决策，一起付出、共同努力，建设美好家庭，打造幸福生活。孩子在参与决策的过程中可以学会负责和担当，参与决策还会增强孩子的认同感和责任感，同时家庭大事与孩子商量，也能够提升他的成就感和家庭地位感，避免产生“这事与我无关”“事事与我无关”的游离感。不善营小家，何以顾大家，又何以谋国家。一屋不扫何以扫天下，要让孩子有社会责任感，必先培养其家庭责任感。

尝试着让孩子选一件有意义的事情“坚持”下去

据说台湾一所家政职业学校的校训是：“诚实、清洁，物归原处”。比起大陆学校清一色的“开拓、创新”“博学、求是”“格物致知、敏学笃行”等高端大气上档次的校训，像“物归原处”这样接地气的校训更加使人过目难忘。仔细想来，撇开这个职业学校不说，一个普通人如果能够长期坚持做好“物归原处”这样的小事，我们基本可以判断他是一位条理清晰、原则性较强、有诺必践的人。多年前我做过一个实验，给我带的新生布置下了这

样一个任务：选择一件有意义的小事，坚持下去。一年级上交计划，四年级时总结成果。我对学生说，这个任务的关键不在于事情的“大”与“小”，而在于“坚持”。学生报上来的计划五花八门，有“每天跑步两圈”“每天读书1小时”“每天早晚刷两遍牙齿”“每周写一篇周记”“每月深游一个景点”“每周末看一场电影”等，事情无论大小，只要有意义就通过。之后自践其诺，不再提及。

三年过去了，学生们很快进入了“大四”。当我们进行成果总结时，结果不出所料，能三年如一日坚持下来的寥寥无几，加上断断续续但没有放弃的也不到一半人。当同学们畅谈体会时，不论坚持了与否，大家都有了各自不同的感悟。少数自始至终坚持的同学的发言感染、感动、激励了所有的人。

记忆最深的是一位三年坚持每月深游一个景点的学生，他庆幸自己风雨无阻地坚持了下来，说使他收获最大的是深度细致地解读了泰山。三年来他走遍了泰山周边的每一个庙宇，探究了泰山上的每一块碑刻。他说这辈子可能再也不会像这四年这样离泰山这么近了，每当他脚踏峰顶，置身山巅，山风徐来，祥云轻绕时，则油然而生“会当凌绝顶，一览众山小”的豪情。探究它的时候不仅饱览了美景、了解了历史、感悟了传统文化和精神，同时还锻炼了意志，强健了体魄，此生无憾。

还有一位卫生习惯不太好的同学，谈到自己的坚持时，也是感触良多。刚入学时，他那一口的“大黄板”常被同学们嘲笑，当他制订了早晚刷牙的计划后，三年的坚持养成了良好的卫生习惯，每当他微笑时，口气清新地露出一口编贝皓齿，不仅愉悦了自己，也愉悦了别人，增强了自信。

大部分没有坚持完成自己计划的同学，深为自己的懈怠以及从指缝里悄悄流逝的时光而懊悔万分，纷纷表示毕业前一定会有所改进。

关于“坚持”，还有一个很好的例子。在中国改革开放30周年的纪念活动中，中央电视台在黄金段时间里讲述了一个“账本”的故事。

1977年的一天，一个普通的农村姑娘小芳出嫁了，嫁给了邻村的一位普通农民，过着千百年来中国农民所恪守的一成不变的面朝黄土背朝天的勤劳朴实的生活。当时，“文革”刚刚结束，中国的经济已经到了崩溃的边缘，特别是农村，温饱都成问题，小芳一家人日子过得很艰难，除了几亩薄地，几乎没有其他收入来

源。家里的全部家当就是两间草屋、一张木床、一口水缸、两个暖水瓶。但小芳立志要把这个穷家经营好。

从当家的第一天起她就认真地记录家里的每一笔收入和支出，“卖了十个鸡蛋，收入1块1毛钱”“生产队年底工分收入23块”“买了一斤肉，支出……”“买了一斤盐，两斤糖”“交了100斤公粮，收入……”就这样一笔一笔从不间断，一记就是30年。小芳从少妇变成了老妇，记录的账也由几毛、几块钱变成了几万、几十万，家产也由一口水缸、两个暖瓶变成了时尚家用电器、农用汽车和三层小楼房。在这30年的进程中，中国农村从集体经济到包产到户再到土地流转，小芳这个家庭30年的收支变化就是中国农村普通家庭生活变迁的真实写照，一个小小的家庭账本也就成了真真切切的农村改革开放发展史。30年的坚持，带来了量的积累，产生了质的飞跃。最后，这个账本成为了“改革开放三十年成就展”的镇展之宝。

让孩子学会“坚持”。著名教育学者朱永新教授说过，谁要是能坚持写10年日记，如果不成才他负责赔偿。万事不分大小轻重，贵在坚持。“坚持”可以将小事变成大事，“坚持”可以使没意义的事升华出意义，“坚持”可以产生由量变到质变的飞跃，赋予普通小事很深的哲学价值。通过对一件件小事的“坚持”，还可以锻炼孩子不言放弃的坚韧意志，塑造出持之以恒的行为品格。这就是“坚持”的力量。

摒弃小聪明，培养大智慧

中国有句老话，“聪明反被聪明误”，这里说的“聪明”就是“小聪明”。或许有些人会认为小孩能有什么大智慧，小聪明积累多了不就成了大智慧，分不清小聪明与大智慧的区别，致使一些家长对待孩子的小聪明不是有效引导而是沾沾自喜地怂恿。

亲戚家的闺女第二胎生了个男孩，续上了他们家几代单传的香火，一家人欣喜若狂。全家齐上阵，争着抢着带这个孩子，孩子在父母双方上下两代人的集体呵护下，长得虎头虎脑、聪明伶俐，非常可爱。小小年纪就可以判断出众多家长的喜怒哀乐和教育理念的差异，从中找到于自己有利的可钻的空子。用他姥姥的话说，“这孩子太聪明了，简直就是个人精。这么小的年龄就会见人说人话，见鬼说鬼话”。姥姥经常带着孩子在院子里和大妈大爷们交流，炫耀着外孙如何聪明伶俐的“超常行为”，我们作为亲戚也经常会听到一些这个“小人精”的种种聪明过人的“事迹”。

比如，宝宝上幼儿园期间，妈妈教他写“大”字，教完后，留下两页“田字格”作业纸，让他练习，说写完这两张纸，就带他去姥姥家。谁知还没一分钟的时间，宝宝就大声喊道：“写好了，走吧，去姥姥家。”怎么这么快？妈妈一看，原来他用粗粗的铅笔歪扭斜八地在整张纸上各写了一个大大的“大”字，两页纸共写了两个字，很快完成任务。每当姥姥叙述完这件事，都会情不自禁地咯咯地笑个不停，骄傲地说：“你说这个小人精聪明吧？简直太聪明了！”

更有甚者，姥姥还经常鼓励孩子在客人面前“表演”他的小聪明。一天宝宝过四岁生日，我带着礼品去登门道贺，姥姥和宝宝正在玩游戏。宝宝见到我手里的礼品是他的最爱巧克力，立刻热情地向我扑来。我们高兴地寒暄了一阵后，宝宝要吃巧克力，姥姥就打开了一盒，意味深长地对宝宝使了个表情说：“宝宝知道怎么做。”宝宝好像心领神会。只见他拿了一块巧克力笑着跑过来送给我说：“阿姨，您先吃。”我想：“这孩子还真懂事。”

也没多想就接了过来，说："谢谢宝宝，宝宝真懂事！"为了尊重孩子我就真的把巧克力吃了，还津津有味地赞美道："真好吃。"没想到宝宝的脸色突然晴转多云，之后就大雨倾盆，边哭边喊："还我巧克力。"我有些不知所措，就说："宝贝，不是你送给我的吗？"可是他不管不顾，又打又闹，大声喊道："还我！还我！"我一时很尴尬，转向姥姥求援。还是姥姥有办法，趁孩子闭眼大哭之际，偷偷往我手里塞了一块更大的巧克力，然后对孩子说："宝宝，宝宝，别哭了。阿姨没有真吃你的巧克力，阿姨骗你的，阿姨在给你变魔术呢，她可以给你变出一块更大的巧克力。""你问问阿姨变好了没有？"宝宝马上破涕为笑，冲着我就喊："变！变！变！"我不得不张开右手，真的"变"出了一块更大的巧克力，孩子顿时就兴奋了起来，抓起我手里的巧克力风一样地跑了。

原来，他们家所有的人从来都不会吃孩子喜欢吃的东西，孩子通过多次尝试后，明白了一个事实，那就是，他每次吃东西时，只要做出送给大人先吃的样子就可以使大人们高兴，同时他也知道大人从来都不会真吃的，在受到表扬的同时，他还不会有任何损失。于是每次他都耍耍这个小聪明，给大人们表演他的大方和乐于分享。家长也每次都配合孩子的这种表演，从中似乎也得到了某些慰藉。谁知出现了我这么一个“不识时务”、不按既定套路走的人，于是就出现了刚才那一幕。

实事求是地说，孩子能够耍点“小聪明”的确是智力较好的一种体现，因为从开动脑筋到达到自己的目的，他要调动观察、分析、判断等一系列智力因素，这说明他有了思辨能力，从这个角度来理解孩子，他的确是在进步，所以适当的肯定也是应该的，但是一定要及时引导，要把这些智力表现引向更大的视野和更高的目标，孩子的智力才会有更大发展空间，才能使小聪明变成大智慧。否则孩子就会因小聪明而走入自私、利己、狭隘、虚伪、庸俗、甚至是欺骗的小思维圈子。小聪明完全不同于大智慧，经常耍小聪明的人往往不识大体、目光短浅，常因近利失远利，因小利失大利；而大智慧者的大视野，能使其具有远见卓识，从而高瞻远瞩、气概非凡。虽然孩子暂时不明白这些道理，但家长面对以上类似的事情是怂恿还是制止，是放任还是引导，你的态度将决定孩子的成长方向。

如何引导孩子把自己的聪明才智用到真正有意义的事情上去，使“小聪明”潜移默化逐渐走向“大智慧”呢？首先，家长不能在孩子面前炫耀小聪明。曾经在网上看过一篇文章，题目是《让中国式的聪明滚出中国》。该文列举了一些中国人在国外耍弄小聪明、钻法律和规则的空子的事例，其中一个例子是这样的：“在美国，你去商店买东西，事后不论任何理由，都可去退货还钱。因此，有一些人过几天要出席重要宴会，就去‘买’一套名牌衣服，穿去赴宴之后，再去退钱”。还有一个例子是这样的：“十年前，我带年仅三岁多的儿子到美国旅行，寄宿亲戚家。亲戚拿个全新的儿童汽车安全座椅给我，说：‘这里规定儿童一定要坐汽车安全座椅，这个给你用，因为是借来的，请尽量不要弄脏，我还要还人。’两周后，我不再开车，他拿着半新不旧的安全座椅到量贩店办退货。店员一声不吭，钱全数奉还。亲戚得意地对我说：美国的商店，两周内都可凭发票退货，所以我们常来这里‘借’东西。有些人甚至连电视都‘借’哩！你说，美国人笨不笨？无条件退货的漏洞这么大，他们竟然都不知道！”这些人对自己的行为洋洋得意，还到处宣扬自己的聪明，您周围有这样的“聪明人”吗？不能让他们成为孩子的榜样。

第二，家长不要在孩子身上实施“小聪明”。有些家长为了使孩子尽快服从某种需要，只顾一时不顾长远，常常居高临下耍点

权宜之计的“小聪明”，戏弄甚至欺骗孩子。

比如常见的哄孩子吃药。我的一位同事，孩子小时候身体较弱，特别是三岁到五岁期间，几乎每周一小病每月一大病，所以哄孩子吃药变成了她最头疼最苦恼的事，她曾不无幽默地说是“用尽了聪明才智，使遍了手段伎俩，可孩子就是刀枪不入、油盐不进。”“每天哄孩子吃药都是一场战斗。”我总结了一下她的“聪明才智”和“手段伎俩”，基本上就是两个字：“欺骗”。比如，“宝贝，我们吃药啦。今天的药一点都不苦”“吃吧，最后一粒了，明天就不吃啦”“吃了药咱就去买玩具”甚至“率先垂范”，自己先喝一口并不是药的东西，然后故作甜蜜状：“哎呀，真好喝，一点也不苦。来，宝贝也喝一口。”开始孩子信了，吃了，可是真的很苦啊。他会是什么反应呢，要么会大哭大闹抗议你的欺骗行为；要么牢记教训下次坚决抵制，你说什么他也不信；要么就默默地咽下这口苦药，然后从思想认识转变成行为方式，掌握了方法以后再去举一反三、变本加厉，以至于“青出于蓝”“后来居上”。总之家长这种“小聪明”的实施实在是有百害而无一利。

类似事情的处理，我的体会是面对现实，实事求是，正视困难，共同克服。儿子从小生病吃药，我从来都是告诉他药是苦的，但是必须吃，因为它可以治病，“良药苦口利于病”就是这个道理。他每次生病都可以按时按要求、虽痛苦但顺利地把药吃下，从来不哭不闹。有一次他问，为什么药都是苦的呢？可以把药做得又不苦又能治病吗？我说可以啊，那可就得靠人的聪明才智了，比如说加糖衣、把药粉装进胶囊里。你再想想还有什么更好的办法。引导孩子的问题意识，抬高他的思维起点，扩大他的认识视野，有效地把孩子的聪明才智往大道上引，把孩子的分析判断以及思考的目的性从利己的小圈子引向不唯利己的更高层次和境界。

第三，就是决不姑息迁就，不放过任何一件孩子所做的有关投机取巧、钻空子、口是心非、表里不一的“小事情”，及时扶正祛邪、因势利导。这样才不会使孩子由小积大、从无意识到有意识地耍弄小聪明，才不会聪明反被聪明误。

“小聪明”与“大智慧”的思维表现过程基本是一致的，只是达成的目标不同而已，前者的目标一般为一己私利，而后者有情感目标、利他目标和社会目标。目标不同视域就不同，这一“小”一“大”就显而易见了。利己是本能，利他需要教育。不要放过孩子的任何一个为了投机取巧而耍弄的“小聪明”，要从小抬高他的思维起点、行为的立足点，放大其目标视野，从小培养他的“大智慧”，摒弃小聪明，做一个大方、大气、有大思路的人。

解决意志力战胜不了的问题的唯一办法就是：远离

20世纪90年代末，根据作家毕淑敏同名小说改编的电视剧《红处方》在各大电视频道热播，奚美娟、周迅等演员演技精湛，剧情跌宕起伏。“在一个阳光灿烂的日子，心理医生沈若鱼的灾难突然降临了，她的18岁的女儿沈佩留下遗书失踪了。因为女儿无法摆脱海洛因的侵淫，她说她要像一支过早凋谢的花蕾一样随风而逝。沈若鱼忍着悲伤，冒着生命危险，与毒贩周旋，终于找到了女儿沈佩。可此时的沈佩却骨瘦如柴、神情诡异、面目全非。沈若鱼试图用母爱来挽救女儿，可丧心病狂的沈佩却每天在她妈妈的水杯里偷偷投进海洛因，让妈妈也染上了毒瘾……”《红处方》讲述了一个吸毒、戒毒，拯救与被拯救的故事。剧中有很多描述吸毒者的痛苦、扭曲、挣扎、变态，欲罢不能、欲戒不成，戒毒、复吸、再戒、更猛烈的复吸等情节，触目惊心。我每天追着看，儿子有时做完作业也和我一起看一会儿，有时他作业多来不及看，我就给他讲讲剧情和观后感，就这样儿子断断续续也算了解了这部电视剧。他第一次从文学作品中知道了“毒品”这个词，而且从剧中看到了“毒品”这个东西是恶魔，它可以使好人变成坏人，使人变成魔鬼。我也时不时地给他传递了这样一些信息：有些东西不是靠人的意志力就可以克服的，比如毒瘾。不仅仅是生理的问题，也不仅仅是心理问题，它是生理和心理共同作用的结果，一旦染上很难戒除，再强的意志力也无能为力。剧中的几个“复吸者”哪一个不是信誓旦旦坚定必戒决心的，他们在没有接触毒品之前并不都是道德低下的坏蛋，相反，有的甚至是道德高尚的好人。可是面对毒品强大的侵蚀力，这个时候，人是渺小的，人的所谓意志力是脆弱的。你我均是如此，鲜有例外。有些事情亡羊补牢为时不晚，而有些事情则是羊亡则亡，不可逆转，无法弥补。那么这一类问题如何解决呢？只有一个办法：远离！决不可“以身试法”，决不可盲目自信。在剧情的配合下，我的这些观点儿子是容易接受的。几天以后发生的事，使我吃惊地发现他不但接受了，而且理解地接受了，并且立即身体力行。

儿子喜欢吃羊肉，特别喜欢吃辣辣的浓浓的羊肉汤。而我却不喜欢吃甚至闻不得那个特殊的膻味，所以我一般不自己做而是到离家不远的一个小饭店去买现成的，端回来热一热满足儿子的需求。每次看到他吃得满头大汗特别满足的样子，我都特别开心，所以会定期问他，今天买羊肉汤吃吧？而每次他都会给以肯定的回答。《红处方》电视剧结束后不久的一天，我照常问他："今天买羊肉汤吃吧？"他没有像往常一样立刻做出肯定的回答，而是思考了一会儿缓缓地说："算了吧，不吃了"。我不解地问："为什么？"他说："我怀疑这家羊肉汤里放了毒品。"我大吃一惊，望着他半天没说出话来。他接着说："妈妈，其实好几天以前我就想让你买羊肉汤了，可是我忍住了。我就在想，为什么我老是想吃这一家的羊肉汤呢？每次都是吃完了还想吃，而吃其他东西怎么没这个感觉呢？我怀疑这汤里面有问题，可能放了毒品了，万一吃上了瘾可就麻烦了。我不吃了！"他分析的还真有道理。曾听老人们说过以前有些饭店的确会在食品里放些"大烟壳”以拉住回头客。那家饭店的羊肉汤是否有问题我并未深入调查，所以姑且不论，我只是为不到10岁的孩子能有这样的警惕性和自我克制能力而欣慰。

孩子从这个电视剧中得到了什么样的价值判断我不得而知，但是“警惕”和“自我克制”无疑是从中学到或得到加强的。写这个事例除了想说明本节主题，同时也想说明文艺作品的力量不可低估，更不要低估孩子对文艺作品的理解和效仿，作为家长一方面要防止孩子被不好的文艺作品所误导，同时又要善于利用文艺作品去实施教育，这是另一个话题。回到本节主题，心理学理论表明，意志力是指人自觉地确定目标并根据目标调节支配自身的行动、克服困难去完成预定目标的心理过程。意志是人类的意识能动性的集中表现，在一定限度内，人的意志力是一种巨大的力量存在，可以调动人的身体器官，产生对目标付诸行动的力量。我们是要从这个角度培养和强化孩子的意志力，使其形成顽强的意志、锲而不舍的精神和战胜困难完成目标的决心。但是，我们也要知道意志力不是万能的，对于生物学、细胞学等方面的生理指标，意志力这一心理作用是无能为力的。而类似于“毒瘾”这样的极端表现，恰恰是生理和心理过程的共同作用，“依赖”是其生理反应，“成瘾”是其心理需求，仅仅依靠意志力是阻挡不住的。英国哲人罗素说过：“人之所以有道德，是因为受到的诱惑还不够大”，从某个角度也表达了某些诱惑的难以抗拒性，避免这一类诱惑的唯一办法就是：“远离”。

有些地方是人的意志力达不到的，有些问题也不是靠意志力能够解决的。不要相信意志力可以战胜一切的豪言壮语，有很多事情是物质和精神的综合体，是灵魂和肉体共同作用的结果。除非你要去做研究，否则没必要做此类挑战与尝试，一旦沾染上就极难去除，随之而来的就是失去健康、失去道德、甚至失去生命。

从小要对孩子进行“公民”教育，增强社会责任感

有一种现象叫做“5+2=0”，说的是孩子在学校进行了5天的社会公德教育，周末回家2天就被家长“改造”了，最后正负相抵效果为零。很简单的例子是，小学课堂上，老师不厌其烦地谆谆教导着“红灯停，绿灯行”，学生们认真听讲，牢记在心，遵照

执行。可是周末回家跟着奶奶或妈妈上了一趟街，在家长的带领下，不论红黄绿灯，连跑带跳，拉扯穿行，很自然成为了“中国式过马路”的一员，老师的谆谆教导一次性归零。

当今社会国民素质仍然堪忧，甚至时有缺失公德的事件发生。理论家们会从社会转型期的价值迷茫等方面去分析这一现象，这里暂且不论。单从教育角度来说有两方面的原因：一是有些家长不重视对孩子进行公民教育；二是学校的公民教育不得法，实效性不强。

我们国家的国民教育体系中，大中小学都有公民教育的内容，但是仍有不足，最大的不足就是理论传授多而社会实践少，一定程度上造成了孩子的“知行不统一”。也就是说我们把“社会学习”部分也仅仅是作为知识点教给了孩子，而不是作为价值认同和行为理念引导监督其践行。在媒体上看过一个很典型的例子，报道称美国某名校到中国某知名高中招生，考试有笔试和面试两部分，通知说上午笔试下午面试。中午考官叫了几个考生说一起吃饭吧，期间，考官很随意地与学生们聊天，家庭、学习、对某些问题的看法等无所不聊，气氛轻松自然。期间，考官问一个自信满满的男生说，你为什么要考到美国去呢？男生边吃边回答：“美国的名校毕业回来能找到好工作。”“什么样的工作是好工作？”“工资收入高的，能挣很多钱的呗。”“那你挣这么多钱干什么用呢？”男生白了考官一眼，心想“傻呀”，就快速回答：“买车、买房子，过富裕的幸福生活。”考官微笑着点点头，继续追问，“那你把这些目标都完成了，剩下的钱干什么呢？”该生显然没想过这个问题，放下筷子想了一下，说：“给我妈。”考官不动声色，又与另外几个考生随便聊了一会儿。当午餐结束时，考官宣布：“你们几位同学的面试已经结束了。”考生们面面相觑，突然刚才与考官有较多对话的这位考生猛拍了一下自己的脑袋，他想到了上午的笔试中也有一道类似的考题，他的回答中规中矩，怎么刚才在自然生活的场景下就会回答的不一样了呢？他后悔莫及。报道说，后来这位考生没有被录取，考官给出的理由是：“该考生没有社会责任感”。类似这样，作为知识点背出来的是一套、而实际行动起来却是另一套的事例还有许多。分析起来，不是我们的孩子有意识地故意去知行不一，而是我们的教育没有设定好一个强化程序，使孩子能把有意识的学知识变成无意识的自然而然的身体力行。就拿“社会责任感”教育为例，我们只是不断地强调要让孩子有社会责任感，也会在课堂上举一些有或者没有社会责任感的人或事为例，以此弘扬正气、鞭挞丑恶。但是我们却很少告诉孩子这个社会是怎样运转的，在社会这部大机器中，他是哪个零部件，或他将是哪个零部件，他将如何发挥作用才能使社会机器加速，等等。在对社会本身没有认识的情况下，所谓的“社会责任感”对于孩子来说就只能是个词汇而已。

我曾经参观过美国康州的州政府，美国的各级政府机构每周或每月都会有固定的开放日，中小学老师会按照课程安排带着学生去参观，有时还会去旁听会议。那天正好是州政府开放日，我们不时会遇到不同年龄的学生，每到一处老师都会给学生详细讲解，这是什么部门，职责是什么，政府的工作程序和决策过程是怎样的，等等。我们在参观州议会厅时，一位老师正在给学生讲解选举规则和议事程序，还到议会厅门口的预告栏前，给学生们讲解已经提前预告的本周议题。教师在实地给学生讲解政府是怎么构成的，政府为市民做了什么，社会的安定、经济的富足、教育资源的优越，都是从哪里来的，爸爸妈妈交的税都干什么用了，等等。总之，是说明这个社会是如何运转的，国家的政治经济、社会制度以及政府存在的意义，我们每一个人从这个社会中得到了什么，要让这个社会可持续运转下去我们每一个人要付出什么。我们干脆就跟着一个中学生的队伍参观，听老师的讲解，完整地上了一堂美国中学“社会学习”课，很受启发。

当走过楼与楼之间的封闭长廊时，我看到两侧墙壁上挂满了不同年龄学生的稚嫩的画作，参观者们不时地对着画作品头论足。开始我以为是临时办的学生画展，后来才知道画是常年挂着的，只是定时更换作者和内容，但这块空间始终是为孩子们留着的，目的是让更多孩子的作品可以得到展示和肯定。让孩子们知道全社会都在关注着他们的成长，他们在政府是有一席之地的，他们是社会的一分子。当时的女州长接见了我们并座谈，州长说，发展教育是本届政府的大事，本届政府尤其重视幼儿教育，正在讨论如何给私立幼儿园以项目的形式资助资金。当我问到如何对学生进行“社会责任感”教育的问题时，她说，首先从课堂学时上保证，同时社会为学生提供参观见习的条件，还有鼓励学生参加社会公益活动，比如，“康州教育法”规定高中段总学分不低于20学分，其中“社会学习”不可低于3学分。州政府和各级政府部门都定期向学生开放，总的理念就是要让孩子从小明白，这个社会是“人人为我，我为人人”的。这个理念并不新鲜，我们也是长期这样秉持的，区别是他们落实理念的方式方法更容易激发孩子的行动，而我们的方式方法则往往停留在试卷上或演讲中。正像金耀基先生所阐述的："许多学生在学校时，热血沸腾，肩担道义，大有'我不入地狱，谁入地狱'的气概。但一旦离开学校，踏入社会，便不止'壮气蒿莱，金锁沉埋'，甚至对时代的问题不闻不问，对社会的是非不知不觉了，这才是真正可悲可叹的事。"由此可见，目前中国学校的"公民教育"教学体系和方法应该改革。

再说家长，一个可喜的进步是，近几年中国年轻的家长们越来越重视对孩子进行社会责任感教育了。全国妇联2015年11月完成的"第二次全国家庭教育现状调查"显示，在"你最希望孩子成为哪种人"的选项中，78.3%的家长首选希望孩子成为"敬老爱幼有家庭责任感的人"；其次是"身心健康阳光快乐的人"，比例达76.1%；第三是"遵纪守法诚实守信的人"，比例达65.7%。有些媒体据此数据报道"望子成龙已OUT，近八成家长望子担当、快乐阳光"。这的确是个可喜的进步，但是如何才能真正使希望变成现实，家长不但不能把责任全部推给学校，而且要调整家庭教育使其与学校教育互补，同时要用身边的点滴事件和自己以身作则的社会担当，让孩子从中受到感染和教育。

“人人为我，我为人人”。从小要对孩子进行公民教育，让孩子了解社会、认识社会，要让孩子明白，你有机会生活在一个和平、和谐、富足的社会是幸运的，要感恩社会、服务社会，为别人维护这种机会。如果你是不幸的，你也有责任去终止不幸，不再让更多的人去承受不幸，这就是社会责任。社会是一个大家庭，没有人是座孤岛，没有人能够绝对地独善其身。

敢于接受才能乐于给予，“接受”也是一种给予

这个问题是很多家长的一个认识误区。说“给予”是责任感的体现一般没有异议，大部分家长能够有意识地去教育孩子“给予”和“分享”，比如，“把你的玩具分给小朋友玩”；“把蛋糕送给阿姨吃”，但是有些家长又会同时教育孩子“不能玩别人的玩具”；“不能吃别人的东西”。实际上，愉快地接受或分享别人的给予，也是有担当有责任的表现。当然，这里所说的都是正常的人际交往，远离陌生人的安全教育除外。

我的朋友高琳琳是一位中学语文教师，大多数年份都担任

班主任工作，而且一般会从初一到初三一以贯之。高老师爱岗敬业，对学生细致入微、关怀备至，而且能够做到尽量区分对象、因材施教，受到历届学生的喜爱。

一天，高老师上完课走出教室，感觉后面尾随一个人，转过身一看是个女孩。女孩发现老师看到了她，迅速转身就跑，但从背影上高老师还是能认出来，她就是班里刚转来的学生魏雪莹。魏雪莹性格内向、少言寡语，又从其他学校刚转学过来不久，与班里同学很少交流，下课常常独自一人，孤单自卑，学习成绩一直在低位徘徊。高老师见状就针对她做了一些特殊的安排，帮助她尽快融入新集体。上课时也特意多给她创造一些与老师和同学交流的机会，渐渐地，这段时间她的性格有所改善，下课时也有了笑声，也敢主动与同学说话了，偶尔也敢于主动回答老师的提问了，学习成绩也在逐渐提高。她现在跟出教室找老师，不知何故。“雪莹，”高老师喊住了她问，“有什么事吗？”雪莹回过身来，慢慢向老师走来，憋得满脸通红也没敢看老师一眼。她红着脸低着头慢慢从衣服口袋里掏出一个精致小盒，双手捧给老师，小声说：“老师，给你糖吃。”高老师噗嗤一下笑出了声：“嗨，我还以为出啥事了呢！”随后和蔼但严肃地对她说：“谢谢雪莹！可是老师怎么能吃学生的东西呢？我不能要。拿回去吧，马上上课了，快回去吧。”雪莹听话地乖乖转身回去了，可是从她的动作上，高老师感觉她好像在擦眼泪。

第二天上课，高老师一直在观察雪莹，发现她一堂课都没敢看老师，好像右手还一直插在衣服兜里。下课了，高老师走出教室慢慢向办公室走去，一会儿好像又感觉有人尾随，转身一看还是雪莹。只见这一次她一反常态地迅速跑向老师，又迅速把一块东西塞到高老师手里，转身就跑。高老师望着她远去的背影，慢慢张开手，发现是一小块巧克力，皱皱的、软软的，还带着暖暖的体温。后来高琳琳给我描述这一情景时说：“当时，我眼泪一下就下来了。你知道，她给我的何止是一块巧克力，我一下子就感觉到了一定要教好孩子们的责任。”第二天上语文课，在布置大家朗读课文时，高老师走到雪莹身边，对着她的耳朵，轻轻地说：“巧克力真好吃，谢谢你！”她看见雪莹的脸上绽放出惊喜愉快的笑容，朗读课文的声音更加洪亮、更加自信了。

高琳琳讲述的这件事让我特别感慨，敢于接受与乐于分享其实都是责任心的体现，牵挂别人也乐于让别人牵挂才是真正的有担当。我们周围有些人会以“我不用你管”来体现其独立，但实际上“我不用你管”有时反映的是“我也不用管你”的深层心理独白，拿不用别人负责来免去自己对别人的负责，从而放弃责任担当。这一类人遇事的第一反应往往是“这事和我没关系”，先把自己撇清，这种人大多是精明有余而气概不足的，看似“独立”，实际上是不敢也不愿意承担责任，不论在家庭还是在社会，都不会成为“顶梁柱”，也很难会交结到真正的朋友。还有，不少人不愿意接受别人的给予，其实是缺乏去接受的谦逊。你的拒绝或许会在无意间伤害了一颗关爱你的心，至少在无意间剥夺了别人从给予中得到的乐趣。

可能有些家长会说为什么老是举一些成人的例子来说明对孩子的教育呢，我特别想借这个机会普及一位教育家的观点。意大利儿童教育家蒙台梭利（Maria Montessori，1870—1952）在她著名的《童年的秘密》中用大量的事实论证了，“治疗任何疾病，不论是身体的还是心理的，都应该考虑一个人童年时所发生的事情。其理由是，成人生活的模式在他的早期就已经确定了”。如果在幼儿期没有消除某种歧变，这些歧变将伴随其终生，所以，要想让你的孩子以后成为一位健康的成人，那就多从不健康的成人身上认识缺陷，防患未然，断绝这些缺陷在您的孩子身上养成的基础。我下面还会用一些成人的例子来阐述或佐证某些观点，就是出于这一理论根据。

教育孩子礼貌地接受，并在适当的时机给予回报，尽管别人给予的时候可能并没有期望得到回报。恰当地平衡好接受和给予的关系，是丰富和滋补情感世界、提高情商的很好途径。在接受和给予的过程中，孩子与同学、朋友、家人的情感会逐渐得到加深。

人生就像乘火车，“理想”就是火车时刻表

儿子上幼儿园时，我参加过一次幼儿园组织的“家长辩论会”。我和另外两个孩子的妈妈组成的辩论队领到的辩论题是：“要不要对幼儿进行理想教育”，我们是正方，观点是“必须对幼儿进行理想教育”。比赛在幼儿园的院内小操场举行，家长和孩子都按照孩子班级的编号井然有序地坐在小板凳上，还有一些围观群众，满满一小操场的人。比赛开始了，一辩、二辩、自由辩，很是正规。我方观点是：“不论社会风气多么繁杂，必须对幼儿进行理想教育。”反方观点是：“我们不否认理想教育的正统性

和正确性，但不现实。如果对孩子进行的都是理想教育，孩子走入社会就会极度不适应”“我们的孩子只知道前门在哪不知后门何处，肯定会吃亏的”“我们的社会就没有理想过，给孩子进行理想教育太迂腐，不合时宜，被人骗了还给人家数钱呢”“理想很丰满，现实太骨感”“识时务者为俊杰”……正反双方唇枪舌剑，互不相让，激烈非凡。我们幼儿园是大学内设幼儿园，孩子家长几乎都是大学教师，辩论到激烈处，情急之下自己的学科背景就自然地冒了出来，什么“经济学理论认为……”；“社会学家某某说过……”居然还有一位教机械制图的家长能从“规矩方圆”上引申到当前的辩题，特别有意思，不知道的还以为是学术辩论会呢。

主持人说：“最后，请黄老师代表正方做最后陈述。”操场上鸦雀无声，我站起来说：“我的陈述很简单，我方认为不论在什么样的社会环境下都应当对孩子进行理想和价值观教育。至于理想与现实的关系，一百年前的奥地利物理学家韦斯科夫说过，理想模型就是火车时刻表。那时候奥地利的火车经常晚点，旅客们气呼呼地拿着时刻表问列车员：你们的火车从来就没有正点过，要这个时刻表还有什么用呢？列车员回答道：没有时刻表，你怎么能知道火车晚点呢？我的陈述完了。谢谢大家。”寂静了几秒钟后，小操场上响起了热烈的掌声。最后我们三人组获得了一等奖。我们的孩子又高兴又激动，相互击掌，欢呼雀跃。我儿子激动得语无伦次，一个劲儿地说："谢谢妈妈，谢谢妈妈！"

关于是否要对孩子进行理想价值教育和进行什么样的理想价值教育，社会上争论较大。最近在网上看到一篇文章，题为《中国孩子的土豪梦》，列举了某小学孩子们以《我的理想》为题写的作文，有的写道，"我的理想是当一名富豪，以后可以开豪车住豪房"；也有的写道，"加油！努力！为了人民币"；还有的写道，"梦想将来有很多钱"。文章说，相对于我们小时候作文的"高大全"，这样的真实是巨大的进步，孩子们向往着富裕的生活也没有错，但是问题在于孩子们向往的不是致富背后的奋斗和对社会的贡献，而是财富本身，甚至充满对不劳而获、奢侈浮华的向往。从这个角度上看，无论他们多么聪明好学，多么见多识广，这些孩子已经输在了起跑线上。我同意这篇文章的观点，我也了解过我周边的年轻家长，他们绝大多数是希望孩子有理想、有抱负、有精神追求的，尽管他们中有些人对自己的现实有这样或那样的不满意，也常常会有一些牢骚，但他们仍然希望自己的孩子相信我们的社会会越来越美好，希望孩子成为一个有理想有追求有担当的正直的人，对社会发展有贡献的人。

对孩子进行理想教育，理想的社会、理想的公民、理想的职业和理想的生活，不是说要在孩子面前掩盖社会的阴暗面，恰恰相反，要让孩子认识到既有光明面又有阴暗面的社会才是真实社会，但同时也要让孩子知道什么样的社会是我们追求的理想的社会。只有认识了真实的社会才能知道现实与理想的差距，这样才能教育孩子长大以后在自己有能力有条件的情况下如何去建设社会、改造社会，而在能力和条件都达不到的情况下如何独善其身。

“穷则独善其身，达则兼济天下”，对孩子进行理想教育就是一种“天下”教育、“取乎其上”的教育，古人云：“取乎其上，得乎其中；取乎其中，得乎其下；取乎其下则无所得矣。”在教育的过程中关键是要让孩子明白三点，一是什么样的社会是美好的、理想的；二是美好、理想的社会是由每一个高素质的个体构成的；三是建设美好、理想的社会人人有责。

从小给孩子建立一套荣誉体系有利于价值观的形成

写到这里时，正值全国人大讨论审议国家勋章和国家荣誉称号法草案的议案，拟用国家法律的形式保证国家荣誉体系的建立和执行。国家荣誉是对国家精神的一种集中体现，为国家勋章和荣誉称号立法，使其制度化、程序化、法律化，不仅可以进一步增强公民的国家认同感、自豪感和自信心，且有利于社会主义核心价值观的形成，进而引领良好的社会道德风尚，使每一个国民不仅追求世俗和功利的满足，而且还追求道德和荣誉的升华与完美。为什么可以达到这个效果，那是因为人是肉体和灵魂有机结合的生命体，每个人都有实现生命价值、保有尊严及追求社会认同和荣誉的情感。儿童也一样，而且儿童的精神世界一点不比成人弱。有研究表明，儿童有着丰富的精神世界，有积极的精神生活，尽管其当时并不能把它清楚地表现出来。所以，“正如一个肉体的胚胎需要母亲的子宫并在那里得以发育一样，精神的胚胎也需要外界环境的保护，这种环境要充满着爱的温暖”。

关注儿童的精神需求，尽早给儿童建立一套适合的充满爱和信任的荣誉体系，对其精神世界的健康发育成长，对其积极的价值观以及正确的是非判断标准的形成等都大有裨益，同时也会大大减小管理难度。

我儿子小的时候，我们给他逐步建立的荣誉体系以及相对应的价值最高端就是“信任”。我们尽量关注他的喜怒哀乐，满足他的精神需求，尊重他的独立人格，对他的行为和言语充分信任，即使他对某件事情的表述与事实本身大有出入，我也宁愿相信是他表述能力的问题而不是有意撒谎，提醒他分清事实本身还是自己的推理，帮助他提高语言表达能力。在他看来，“我不再信任你了”是对他最大的侮辱和惩罚，比打他一顿更使他难受。

有一天，我下班回家发现放学回来的儿子没在做作业，而是趴在床上默默地哭。

儿子当时刚上小学，在20世纪90年代初中期，家庭小汽车还不普及，马路上的车辆不多，同时社会治安也比较好，孩子上学路上比较安全，所以大部分家庭都让孩子自己独自上下学或几个孩子结伴上下学。由于孩子放学时间与家长下班时间不一致，家里又没有老人值守，孩子必须自己拥有家里的钥匙。为了防止钥匙丢失，家长们互相效仿，就形成了一个时代现象，即出现了一大批“脖子上挂钥匙的小学生”。现在这种做法已经成为小学生安全教育中预防入室盗窃的典型案例，可许多家庭当时的确都是这样做的，许多孩子都是挂着钥匙成长起来的，而且也鲜有出事的报道。我儿子就是“挂钥匙一族”，放学回家后的时间没有人监督，全靠自己安排，他学习习惯一直很好，做作业从来都是自觉自愿的。

有一次看到儿子不做作业在哭泣，不知出了什么事情，正巧，他爸爸也在家，我就向他询问原因。他爸爸不以为然地说，“没什么呀，我说他不做作业玩电脑，他说没玩，我就没说什么了。哭什么呀？我既没批评他更没打他。”说到这儿，儿子在屋里带着哭腔大声喊道：“就是没玩！就是没玩！你冤枉人！”原来，他爸爸下班回来看到儿子正在做作业，就过去看他，随手摸了摸写字台上的电脑，发现有点热，就怀疑儿子刚才在偷偷玩电脑，于是就严厉地说：“怎么作业没做完就玩电脑啊？”儿子立即反驳说：“我一直在做作业，没玩电脑。”他爸爸随口一说：“玩就玩了呗，还不敢承认。”这下儿子愤怒了，大声声明：“我就是没玩！”他爸爸也被激怒了，不屑地说：“小孩子这点把戏，还想蒙混大人，不要耍你那点小聪明啦。好了，玩一会就玩一会吧，从现在开始赶紧做作业。”这段不容分辩的话说完后，儿子委屈地无言以对，就放下作业哭了起来。

弄清楚事情的原委后，我分析了一下，问题的关键不在于儿子玩或者没玩电脑，因为对于电脑的问题我们没有做过多的限制，问题的关键很可能在于他爸爸刚愎自用、自以为是的对儿子不信任的态度触动了儿子的尊严。果不其然，经与儿子认真交流后，儿子委屈地说：“爸爸不信任我！”我观察了一下现场，窗外，夕阳西下，一抹余晖正从窗内缓缓退去，电脑正是在西窗下的写字台上，此时我已明白了个大概，再结合儿子的一贯表现，我对儿子肯定地说：“妈妈信任你！主机发热是西沉的太阳晒的，与你无关，你爸爸可能刚才没注意到这一点，我帮你给爸爸解释解释。”这样儿子才愉快地去做作业了。荣誉和价值体系建立起来以后，孩子特别讲道理懂道理，他偶尔胡搅蛮缠大人实在没招时，只要说一句“你要是再这样，妈妈可就不再信任你了”，基本就可以使他正视错误、痛改前非。

荣誉体系的建立应在把握主流价值观的前提下进行，手段和方法要因家庭、孩子性格、年龄段、阶段性教育目标等而制宜。

有些家长学着幼儿园在家里搞个荣誉墙，每天根据孩子的表现贴“小红花”；有些家长使用适当的“物质刺激”，等等，都是可以的，家庭荣誉体系不排斥物质奖励，但一定要把握好“度”，适度的物质奖励可以与精神奖励一起激发孩子的内生动力和自豪感，但是如果使用不当，把物质奖励变成了“交易”，那就会出现著名的“德西效应”，效果就适得其反了。

美国心理学家爱德华·德西曾讲述过这样一个寓言故事：有一群孩子在一位老人家门前嬉闹，叫声连天。几天过去，天天如此，老人实在难以忍受。于是，他耐着性子想了一个妙招，他出来给了每个孩子10美分，对他们说：“你们让这儿变得很热闹，我觉得自己年轻了不少，这点钱表示谢意。”孩子们很高兴，第二天仍然来了，一如既往地嬉闹。老人再出来，给了每个孩子5美分。5美分也还可以吧，孩子仍然兴高采烈地走了。第三天，老人只给了每个孩子2美分，孩子们勃然大怒：“一天才2美分，知不知道我们多辛苦!”他们向老人发誓，他们再也不会为他玩了!在这个寓言故事中，老人通过物质奖励巧妙地将孩子们的内生动机“为自己快乐而玩”变成了外部动机“为得到美分而玩”，而他操纵着美分这个外部因素，所以也就操纵了孩子们的行为。而家长们不恰当的物质奖励就是德西效应在生活中的体现，这种方式短期内能够提高孩子做某件事（比如，学习、劳动等）的积极性，但如果总是使用这招，就会使孩子把学习、劳动等同物质奖励联系起来，为一把糖、一件新衣服、几块钱而学习、劳动，久而久之，孩子做这些事的内生动力就会完全丧失。

把这些成长过程中必备的素质和能力训练以及应有的家庭责任担当完全与物质奖励联系在一起，这就与荣誉体系的建立初衷背道而驰，相应的价值体系也就无从谈起了。

荣誉体系是手段，价值体系是根本。任何一种荣誉的建立都反映出对某种价值的肯定和弘扬。荣誉体系主要是在精神领域但也不排斥物质作用，但是物质奖励时一定要把握好“度”，千万不能把奖励变成了“交易”，变成了德西效应，否则就适得其反了。

学习篇

学习是适龄少年儿童的生活方式

知识只是载体

全面发展才是目标

学校教育绝不仅是为了学知识。知识只是载体，孩子的全面发展才是目标

记得在2012年全国“两会”上，有个政协委员提案建议“缩短中小学学制”，由此引发了一场有关“学制”的大讨论。参与人员教育业内业外都有，赞成者与反对者参半。赞成者建议把目前的12年制改为10年，即小学5年、初中3年、高中2年，理由是缩短了学制，一方面可以使“适龄人口早日进入社会”；另一方面可以“减少学生压力”“减少无效学时”，因为“有很多时间学生不是在学习，学制太长会导致教育效率低下”等等。反对者认为，“缩短了学制会使学习内容被压缩”，因而“加重了学生负担”“揠苗助长，对学生成长不利”，等等。对于以上的讨论我既不是反对者，也不是赞成者，因为我认为他们讨论这一问题的立足点有待商榷。从学知识的角度去考虑的话，长一年也可，短一年也行，没什么可讨论的，这不是问题的关键。学制问题的关键，一是要看一个健康运转的社会需要一个什么样的人口年龄结构；二是要看一个社会人什么年龄步入社会有利于人的身心健康。这两方面

因素综合之后定下来的一个年龄点，在此之前年龄的人就是“社会预备人”，“受教育”就是社会能为他们提供的最佳的生活和生存方式，这才是学制长短的根本点。从“生活和生存方式”的角度来分析的话，“学知识”只是其中的一部分，更重要的还有生存能力的提高；认识问题和处理问题能力的练习；人格的塑造、规范的养成以及情感态度、价值观的树立，等等。关于这个问题，东北师范大学校长、著名基础教育研究学者史宁中先生更是一语破的，他说：“如果只是学习知识，把小学6年的知识点累加到一起集中学习，两年就能学完”。所以不能仅从知识的学习角度去论学制。同样道理，家长们更不能只从知识点的学习方面去对待孩子的学习。

2013年6月，媒体报道了安徽一个13岁少年的“励志”故事。该少年4岁上学，从小学1年级跳到3年级，又从小学4年级直接上初中，被同学和老师戏称为“跳级大王”。初中毕业后自学一年，11岁就开始考大学，一年没考上，两年没考上，但他毫不气馁，继续作战，终于在第三年，以超过3本线7分的成绩，以13岁的小小年龄考上了大学。我不知道记者想通过这则报道说明什么，但我从心里可怜这个孩子，为他失去了一个再也找不回来的多彩的童年，为他无法拥有一个朝气蓬勃的青年时代而惋惜。他将如何融入不同年龄段的大学同学这个群体呢？他又将如何过早地融入成人的社会呢？这种只学知识的生存方式不是社会预备人的最佳生存方式，也不是成为优秀社会人的教育方式。

凤凰网2015年4月26日报道了一则消息，题为《留美女博士后被遣返：除了学习，我什么都不会》。各大网站迅速转载，博眼球标题五花八门，如《留美博士后被遣返，高智商低情商，社交能力为零"；"曾经风光无限，为何如此落魄》，等等。故事的主人叫小兰，出生在我国西部某省会城市，是家里的独生女。小兰自幼聪明好学，学习成绩优异。父母也以此为傲，竭尽全力为女儿创造良好的学习环境，从不让她干任何家务，小兰的任务只有一个：学习。小兰从初中被一路保送，到北京一所全国著名大学读本科、研究生、博士，又被推荐到美国一所著名大学攻读第二个博士学位，之后留在美国进行博士后研究。在这一系列的攀登中，小兰经历了不同的国家、不同的学校，但她就只做了一件事：学习。可是毕业以后进入企业，她的"除了学习什么都不会"的劣势显现了出来，而且被彻底放大了。

报道说，在第一家企业，她因为看不惯企业里一些人的一些做法，就不分场合不分对象，快人快语直截了当地发表言论，结果不久就因为人际关系差被辞退。之后她又进入第二个家企业，试用期间，主管有意利用同事聚会的形式考察几个外籍新人的社交能力，在餐会中给了他们每人一大份肉，让他们吃完。其他几位新人要么与主管沟通，要么请别人一起分享，唯独小兰干脆不高兴地把盘子一推，愤愤地说：“我吃不下！”很快，小兰就被礼貌地请出了公司。连续受挫，加之小兰的心理调节能力、判断形势与合理定位能力、与人沟通求得帮助能力、应急能力等全都跟不上，在举目无亲毫无对策的情况下，她开始了流浪，同时出现了精神分裂的症状，最后被警察发现并遣送回国。

类似这样连跳多级、十二三岁就考上大学的天才少年的例子还有很多，但走入社会的成功者却寥寥无几。为什么？就是因为他们压缩了学习时间，完成了教学计划规定的所有知识点，恰好当时的高考也主要是考知识点，这就造成了成功的假象。但是他们的情感态度、认知能力、价值观念、体魄心理等方面并没有随之健全完善，学习知识成了他们的唯一，当他们一旦进入社会，需要交流、需要忍让、需要付出、需要判断，还需要在成功中分享，需要在失败中站立，更需要一副铁打的身板时,他们往往就不知所措了。

对于孩子的“学习”，要从三个层次去理解才能不失偏颇。一是学习知识本身；二是以知识为载体锻炼思考方法、判断能力，树立正确的情感、态度、价值观；三是利用学校这个准社会场所，练习真正进入社会后所需要的生存能力。要把孩子培养成一个全面发展、身心健全的人，而不只是一个高速运转的学习机器，以上三个方面缺一不可。

学前教育的主要目的不是具体的知识点，更不可小学化

近代儿童心理学家让·皮亚杰（Jean Piaget，1896—1980），在其著名的“构建主义理论”中有一个重要的观点，那就是“儿童从生命的开始就是一个知识、文化、自己身份的共同建构者；”“学习是一种合作的、交往的活动，在这种活动中儿童与成人共同、与同伴同样地建构知识、理解世界”；“儿童不是一个

等待填充的容器，而是从生命的开始就积极地与世界作用，他们从降生时就可以不经成人的授意而开始学习”。皮亚杰还通过长期大量的研究、观察和试验，确立了儿童认知发展的阶段性规律。他把儿童的认知发展的关键期从0—12岁划分为四个大的阶段，每一个大阶段中又划分出若干个小阶段，并对每一个小阶段的儿童认知特点和发展能力做出总结和阐述，比如，2—4岁的儿童的认知发展处于第二大阶段中的第一小阶段，这一阶段被称作“前概念阶段”。这一阶段的特点是“思维的发生”，儿童开始运用象征符号的创造和语言符号的发现对客观事物进行判断。我们不再去过多地阐述枯燥的研究理论，我只想把从理论中得到的启示与大家分享：一是儿童的发展性学习是与生俱来的；二是儿童的学习是主动的；三是儿童的认知发展是有阶段性的。所以说，学前教育是非常重要的，但是，重要点不在于要过早教会孩子识多少字、算多少题、会多少英语单词等这些具体的知识点，而在于迎合孩子的认知发展阶段的规律特点，为其提供丰富、主动的学习环境和机会，鼓励孩子去思考、去推理和去解决问题，以此启蒙孩子的认知能力、判断能力、逻辑思维能力，激发孩子的求知欲，培养其良好的学习习惯。皮亚杰理论使更多学前教育工作者主张教育应适合不同认知水平的儿童的发展，促进儿童自主建构知识的过程，教学应该同他们能够达到的智慧机能的类型相适应，这就是教育教学的“发展适宜性”。

家长们在教育学龄前孩子时，可能会有这样的体验，那就是“提前数天千辛万难，推后几日自然而然”，“提前数天”也就是没有把握好孩子的认知阶段特点，强行灌输，不但达不到预期效果，还可能打乱了孩子的认知发展规律，遏制了孩子主动学习的积极性。在我儿子4岁左右时，我和其他小伙伴的妈妈一样教儿子识字、数数、写数字等等。“1”是比较顺利地教会了，只是有时写得有些斜，有些弯，算是通过。“2”也还算凑合，可是才教到写“3”时，我就崩溃了。无论我是怎样地循循善诱，还是手把手的示范，他总是把“3”反着写成“ε”，而且还很沾沾自喜，并不认为自己写得与样本不一样，最后我只好放弃。我放弃得很彻底，不但放弃了写“3”，还放弃了写数、放弃了认字。儿子每天从幼儿园回来后就是玩游戏、听音乐、听故事、爬山等等，反正就是通常所说的“玩”，但是玩什么也是有所设计的，有的“玩”可以激发他对“数”的认识，有时给他读故事可以激发他自己识字的积极性。总之，“磨刀不误砍柴工”，不知不觉，也不知什么时候，大概他的年龄到了写字的认知阶段，再加上他的学习主动性和兴趣没有被我破坏，突然有一天我又想起了写“3”这件事，再试试看吧，结果，非常顺利，一气呵成从“1”到“9”全都学会了。所以，我的经验就是，什么年龄干什么事，不要也不必强求。强求超前的做法一是千辛万难，二是毫无意义。

说到学前教育，或称早教，除了以上所谈到的教育方式以外，我还想表达一个观点，那就是家长一定要明晰对孩子进行早教的目的或目标。最近从网上看到一些关于早教的文章，大多类似“N个经典成功早教案例”，或“早教成功案例××个”，或“你的早教成功吗”，全部看下来，可以总结出一种模式，即“×岁开始识字，×岁认识××个字，×岁开始破例进入小学，然后一路跳级，××岁高考，然后以远小于正常毕业年龄的年龄进入社会”，大概都是这个套路。不知家长们仔细想过没有，我们辛苦早教的目的和目标应该不只是为了让孩子比别人更早进入社会、尽早地离开我们、脱离温馨家庭单飞吧？这样的目的对于社会、对于孩子、对于家长意义都不大。先说社会，一个健康发展的社会必须为适龄青年提供足够的工作岗位，以使其安居乐业，保持社会稳定，非适龄青年进入社会抢占适龄青年的工作岗位并不是社会所需要的。再说孩子，人生的长度是有限的，压缩了学习时间背后的本质是挤占了无忧无虑的童年时光，减少了童真、挤掉了幻想、牺牲了兴趣，匆匆路过了却错过了两边的风景，这样的人生结构应该不是最幸福的。对于家长，与孩子共同生活的温馨以及孩子对父母的深厚的爱会随着孩子的终将长大而转移变化，这种爱一旦转化我们将再也找不到另一种同样的爱了。我们为什么要过早地促成这种爱的转化呢。所以我认为，早教的目标不应该是强行改变孩子的人生结构，压缩孩子的认知周期，剥夺孩子的快乐时光，而是要为孩子开发智力、启迪智慧，提高孩子在正常的人生结构中适应社会甚至改造社会、创建未来、实现快乐幸福生活的能力。不同的目标就会有不同的方法，所以早教的目标很重要，确定了适宜的目标以后才能选择相应的理念和方法。

学前教育主要是培养孩子的学习兴趣和求知欲，练习动脑、动手、动口的能力，以开发智力，启迪智慧。当然这些都需要有载体来完成，载体可能是“字”，也可能是“数”，但是如果只是为了识几个字、背几个单词或算几道算术题，意义就不大了。同时，如果难度和方法掌握不好，违反了孩子发展的阶段规律，还会使孩子产生厌学情绪和不求甚解的态度，从而影响小学教育乃至更长远的教育。目标确定，方法得当，孩子才能和大人一起健康愉快地成长。

不要期望把全部的东西都交给孩子，欲速则不达

与我在同一个单位工作的大学同学有个聪明的女儿晓韵。晓韵勤学好问，父母也悉心教导，学习成绩和综合表现一直名列前茅，但是到了初中却出现了异常，她不再愿意与爸妈交流了。学习上有问题她宁愿穿过两个家属区到我家让我给她解答，也不愿问她爸妈，有时放学后就直接到我家做作业。得到孩子的信任我甚至有些受宠若惊，热情招待细心辅导，尽量把难题讲解得简洁易懂，以体现出我的表达水平。有一天，讲解完作业题以后我问晓韵：“为什么不问你爸呢？”晓韵嬉皮笑脸地说：“我爸没你讲得好。”“呵！小小年纪就学会恭维人了，到底什么原因？”“阿姨，跟你说吧，我烦他！我现在根本不敢也不愿意问他问题，因为不管什么问题他都能扯到人生大道理上，只要他有空，我就倒

霉啦，不讲到地老天荒不算完，烦死啦！”“嗨，就因为这啊。那好办，咱不理他，就住我家当我女儿好了。可是晓韵啊，当了我女儿我也是要给你讲人生道理的，这是父母的责任啊。”我一边活跃着气氛，一边做她的工作。“这个我懂，”晓韵说，“可是也用不着年年讲月月讲天天讲吧，耳朵都听出老茧了，烦都烦死了。”显然，之所以事与愿违，是家长的教育太急于求成。一是什么都想让孩子知道；二是想让孩子一下子什么都知道，结果是欲速不达。

由此我想到，几年前到美国去考察基础教育，在一所中学听得一堂“美国历史”课。这堂课是学生自己展示学习“美国历史”这门课的学习成果，有的展示一段自制的课件，有图有视频；有的展示自制的仿南北战争时期的报纸；有的几个人合作，用小话剧的形式去呈现某段历史……老师逐一点评。一堂课下来我终于明白，原来一个班的学生虽然用着同一本教材，却可以选择不同的内容进行学习。也就是说每一个学生可以根据自己的兴趣选择美国的某一段历史学习，无须面面俱到，展示学习成果就是考试，只要老师认为你把你选择的这一段学明白了，就可以拿到学分。比较着我国中学生的上下五千年的历史教育，下课后我就问老师，你没有把教材的内容讲授完，使得学生并没有学到全部的美国历史。老师回答说，只要他学懂了他选择学习的某一段历史，他就基本掌握了学历史的方法，如果他有兴趣想弄清其他历史的来龙去脉，就会自己去学习的。人类文明几千年积累的知识，在学校有限的时间里是教不完的，关键是教会学生学习方法。

这堂美国历史课对我最大的启示就是，学会放弃才能更好地得到。中国绘画讲究留白，有时正因为有足够的留白，才能更突出主题。教育也一样。

要张弛有度，有舍有得，学校教育要摒弃“满堂灌”，家庭教育也一样要摒弃“整天灌”。要给孩子留有自主思考和自主行为、甚至是犯小错误的空间。有些道理家长可以直接教给他，但更多的道理要通过孩子自己的实践得出来，孩子在举一反三的实践过程中，除了懂得了道理，还提高了感悟性和判断力。

身教重于言传。为了实施身教，家长有时候需要“装”

儿子9岁之前，由于工作原因我与爱人分居两地，孩子跟我生活。那个阶段，也正值我职业发展期，我教学、学习和科研同时进行，而“带孩子”又贯穿其中，所以非常繁忙。在这种特殊的环境下，我练就了可以同时做好几件事的“三头六臂”之功，比如，一边做饭一边给孩子讲故事；带上学生待批改的作业本和孩子一起去户外活动；晚自习时，我去自习室为学生进行课后辅导和答疑，让儿子带上小人书和我一起去等等。所以儿子从小就对我的工作内容、统筹协调能力以及敬业品质等不陌生，而且潜移默化地对他产生着积极正面的影响。同时我在他幼小的心目中树立起了高大全的光辉形象，他不允许外人说我一个“不”字。有一个小故事一时成为我们同事间的笑谈。有一天，我领着儿子在校园内散步，迎面遇到一位同事就聊了一会儿，这位同事有感于我的繁忙，拉着我儿子说：“你妈妈可真不简单啊”。当时只有3岁左右的儿子哪里能理解这一否定句背后的肯定含义，他只理解了个“不”字，于是迅速挣脱那位同事的手，昂起脸、瞪起眼、握起小拳头，斩钉截铁地说：“不！我妈简单！”我们大笑不止。

可是爸爸在他心目中的形象就完全不一样了。他爸爸是名医生，工作也同样繁忙，但是夜班后有整天的休班时间，于是他就攒着周末和夜班后休班的时间来看望我们娘俩。由于有愧于对家庭和儿子的较少付出，所以每次回来都是放下一切事务，不读书，不看报，不谈工作，专职陪儿子玩。儿子高兴，我也轻松，一家人其乐融融。有一天刚上小学一年级的儿子放学回家，放下书包支起小桌子就喊道：“妈妈，听写。”当时，他爸爸正好在休假，我随口就说：“我忙着呢，找你爸。”他爸马上跑过来高兴地准备给儿子听写，可儿子却说：“我还是先做算术吧。”过了一会，儿子又喊道：“妈妈，听写。”我又说：“找你爸。”然后继续忙着自己的事。儿子听后大声说道：“那我就休息一会儿再写吧。”正当我对儿子变着法地拖延时间以阻止他爸爸给他听写心怀不解时，儿子悄悄走到我身边，再回头看看确认他爸爸听不见的情况下，小声问：“我爸爸他识字吗？”

这件事对我触动很大，从那以后我就经常不失时机地给他讲爸爸的故事，医术如何高明，如何不分昼夜地抢救病人，还有拿出自己的钱给农村病人垫上医药费等，努力在他心目中树立爸爸的正面高大形象。同时也提醒他爸爸，每次回来要在孩子面前“表现”得更加全面一些，就是“装”也要装成一个全面的爸爸，而不是给孩子一个只会和他玩耍而毫无追求的不学无术形象。

由此悟出，家长是要“当”的，也就是说“家长”是一个角色，要有意识地去“演”好。不能把业余时间全部交给孩子，因为你在工作岗位上的工作状态孩子在家里是看不见的，因此你在工作中表现出的优秀品质和能力也就感染不到他，所以在家里你要创造机会，有时甚至需要“假装”，也就是有意识地制造场景，让他感受到到你的勤奋、执著、敬业、诚信、守时、顾全大局等良好品行，长此以往会潜移默化使他感染一种品质、一种态度、乃至一种气度，一种不以自我为中心的大家气度。慢慢地，他会敬佩有能力的家长而不是一个只会和他玩耍嬉戏的家长。如若不然，他从你身上不仅无从学习好的品质，还会使孩子认为与他玩耍嬉戏就是你的全部能力、全部职责和全部的生活内容，渐渐地家长的高大形象会荡然无存，同时还会使孩子养成以自己为中心的自私霸道品行。

孩子在成长过程中是有“崇拜”需求的，父母往往就是孩子的第一个偶像，他会本能的接受、学习、模仿和追随，这就是“身教”的基础，所以父母们要扮演好榜样的角色，认真实施。

不要陪着孩子做作业，更不要替他改错

据我了解有很多家长都是每天陪着孩子做作业。更有甚者，有些家庭，只要孩子开始做作业了，全家人就立刻进入了紧张的戒备状态，走路要踮着脚尖，说话要小声，全家人都不可以看电视了，因为电视声音会分散孩子的注意力。还有的家长除了给孩子创造一个无声的世界以外，还要进一步奉献力量，认真学习孩子的教科书，以备与之对话和交流之需。

我有一位亲戚可以背诵她女儿语文课本中的所有课文，不知是想以榜样的力量来感化孩子，还是想向孩子说明完成背诵并不难，然而事实上这两方面的目的都未达到，她女儿的语文成绩始终没有达到预期的效果。她在一次又一次的失望中不断改进辅导方法，有一段时间她的方法是每天和孩子同步做作业，及时与

孩子对答案，发现孩子错误及时帮其改正，女儿对这种方式很满意，因为自从妈妈陪她做作业、与她对答案以来，她的作业本上全是大红勾，老师也公开在班上表扬了她的进步。可是一到考试时会做的会了，不会的还是不会，考试成绩并不见提高。情急之下，妈妈又改变了辅导方式。一次聊天，我问到她孩子的学习情况时，她说："我现在改变教育方式了，不再管得那么具体了，她自己的作业自己做，我只管提供后勤服务。"原来，她的确是不再陪着孩子做作业了，但是她并不是无所作为，而是一会儿端茶，一会儿送水果，一会儿督促孩子休息，一会儿又从门缝里窥视监督女儿是不是开小差做小动作，总之，尽管她不再陪着孩子做作业了，可是只要孩子在做作业，她所做的一切都围绕"做作业"这件事，忙碌不停，敬业之至，令人感动。满脑子都是作业，满眼里都是孩子，唯独没有她自己。但是，孩子并不买账，还是收效甚微。

实际上，家长盲目的牺牲和付出并不能收到良好的教育效果，失去自我的教育是最难成功的教育。

"学习是你自己的事"，这是自从儿子上学后我就反复给他强调的理念，他也接受了并且习惯成自然，所以每天吃完晚饭后，我们家孩子和大人各忙各的，他忙完了他玩，我们忙完了我们休息，大家都忙完了就一起看看电视，读读故事，既各有各的规律，又有共同的学习和娱乐。儿子感觉很自然很快乐，从来也没有提出过“你都看电视了，我为什么还要写作业”之类的问题。有一次儿子的语文作业要求用“学习”造句，他很自然地写道：“学习是我自己的事”，交了上去，结果老师给他打了个“半对”。放学后他拿着作业本气呼呼地找我算账：“妈妈，你说的不对！”我问：“什么事我说的不对？”他说：“你不是说学习是自己的事吗？你自己看。”说完气哼哼地把作业递给我。看了作业本后，我也很茫然，就问：“老师说为什么不对了吗？”儿子说：“老师说了，境界太低！妈妈，什么是境界啊？”我这才恍然大悟，不由得佩服这位老师真是既教书又育人的好老师！我马上承认：“老师说得对。是我没有给你说清楚，学习的确不仅仅是为了自己，还是为了社会，为了长大以后服务社会、改造社会、建设社会，为国家发展做贡献，为人类进步做努力。”然后还和小小年纪的儿子一起讨论了有关“境界”这么高深的问题。我继续向他解释，我原来所说的“学习是你自己的事”是从完成一项任务的过程角度来说的，是要告诉你自己的学习任务要自己独立完成，不能依赖他人。爸妈有爸妈要完成的事情，老师有老师要完成的事，家庭和社会中每个人的岗位不同、职责也不同，每一个人都在规定的时间内，认真完成好自己职责内的事才是最重要的。

我在时间允许的情况下也会帮助儿子检查一下作业，但从来不替他改错，甚至都不会替他指出错误的具体所在，最多提醒他有错误，要他再检查一遍。他实在发现不了错误，就让老师用正常的教学方式去帮他改正。每次被老师指出并令其改正的错误部分，他都会记得特别牢。所以对于孩子来说允许他时常犯点小错误，不是一件坏事，但是，关于孩子的作业，有一件事我是一定会做的，那就是每次发现他作业本上被老师打上大红“×”的习题，不论他在学校改错了没有，回家以后我都会与他一起分析错误所在，强化他对该问题的认识，做到真正学懂学会。事实证明，这样做效果非常好。从考试的角度来说，那就是如果考到他曾经错过而又改正过来的题，他就绝对不会再错了；从学习方法角度来说，从错误中总结教训、提炼正确方法，更是百益无害。

除了孩子请求帮助以外，不要每天都陪着孩子做作业。做作业是孩子自己的事。在孩子做作业时，你尽管做你自己的事，看书、看电视、做家务，包括适当的娱乐都可以，该做什么就做什么，要让孩子知道每个人的工作内容和职责任务是不同的，相应的时间安排也是不同的，不可以等量齐观、盲目攀比，否则，他会认为好好学习是他对父母的付出和回报，同时可能还会以“不好好学习”为武器来对抗父母。更不要在作业中替他改错，可以帮助他去发现错误，引导他自己改正错误。不要强求孩子交上去的作业都十全十美，往往曾被老师打上个大红叉、经其改正的知识点掌握得最为牢固。

不要原谅孩子的“马虎”。连会做的事都做不好，还能做好什么呢

经常会听到有些家长说：“我的孩子非常聪明，就是不认真；那些题目他都会，就是不好好做，马马虎虎的。”老师与家长交流时也常常会说：“你的孩子很聪明，老师课堂上讲的他都能听懂，就是马虎、不认真，所以成绩老是上不去。”类似对孩子的分析好像“聪明”是大局，是贯穿始终的特质，是定方向的大事，而“马虎”则是小节，不是根本性的问题，稍加注意即可。殊不知，“马虎”的态度和习惯如果不从小纠正，也会形成伴随孩子终生的特质，那时候聪明已不复体现，凡事起主要作用的也就只有“马虎”了。我认为“聪明但马虎”说，可能是部分家长的虚荣心在作祟，强调孩子的“聪明”，不会影响面子，也可能真没有弄清楚什么是真正的聪明。而对于老师来说，则是对家长的一种婉转，因为说谁家的孩子笨谁都不爱听。

如果我说“马虎”就是一种“笨”，就是一种“不聪明”，妈妈们能接受吗？我们试着来分析一下。所谓“聪明”，综合定义的话，应该是智力发达、思维敏捷，理解力、记忆力和判断力都很强。所以对于一件事情的处理，聪明人利用其特点可以准确判断事情的轻重缓急和关键环节，搜索记忆中管用的方法，集中施策，果断处理，用尽量少的时间准确地完成任务，为自己创造出有利的发展环境和条件。而马马虎虎的人则达不到这些效果，用同样的时间和精力不但没有为自己创造出有利的空间和环境，反而把事情搞得一团糟，这即使不是“笨”，但是其造成的一事无成的结果和“笨”是一样的，怎么说也算不上“聪明”吧。

所以不要用表象掩盖虚荣，要看问题的本质。基于这种认识，“认真”二字贯穿在我对儿子教育的始终，从对孩子行为过程的要求和对孩子行为结果的评判上都要树立“认真”这一理念，事实证明，不论是学习还是做事，都颇见成效，比如对待考试成绩，我一般不会因为卷面分数低而去批评孩子，而是帮他分析分数低的原因，看哪些题是因为没学懂不会做而出错的，哪些题是因为马马虎虎而出错的。如果会做的题全做对了，不论考多少分，都要表扬。至于那些不会做的题所涉及的某些知识点为什么没学会没弄懂，那是另一个问题，事后可以对此短板及时查找原因，有针对性地抓差补缺，直至弄懂学会、问题解决即可，与对本次考试的评价无关。反过来说，因为本次考试找到了自己接受知识的弱项和短板，只要及时补齐纠正，就发挥了本次考试的积极作用。

这样的评判标准长期坚持下来，儿子对待每次考试都很认真，对结果放松坦然。考好了不骄傲，考砸了也不后悔沮丧，因为尽力了而无愧。在那个每考必排名次的年代，儿子高中阶段在班级的名次始终是第5名左右。有一次他突然考了个第一名，当别人向他表示祝贺时，他却反复强调：“偶然，纯属偶然，这次题目简单。”回家也没有急于炫耀，我还是听他同学说的。又有一次他考了第10名，也能坦然对待，他在日记中写道：“这次才考了个第十名，主要是数学失了12分，很遗憾，但也并不难过，因为会做的题我全都做对了，这也不容易了。革命尚未成功，还需艰苦努力。”从这些稍带诙谐的语言中，可以看出他心态很理智平和。后来在高考中他也正是因为心态平和，才能够正常发挥，会做的题几乎一分没失，最大化地展示了自己的水平和能力，考入了自己满意的大学。

在家庭教育咨询中，“孩子作业马虎怎么办”已经成了家长最常问的问题之一。打开网络相关网页就会发现，类似“怎样帮孩子改掉马虎的毛病”“马虎的毛病怎么治啊”等的问题比比皆是。一般的回答基本都是就事论事，就学习论学习，就作业论作业，诸如“不要依赖橡皮”“审题三遍，检查三遍”“静下心来，不要急躁”等。这些方法都可能会有一定程度的效果，但是治标不治本。治本之计在于从小培养孩子“认真”的生活态度和生活习惯。一个人的习惯和品质是贯穿始终的，反映在生活、学习以及思想、行为的方方面面。一定不要就学习论学习，把对待学习的认真与否孤立起来去看待，更不能以牺牲其他方面的认真去换取对学习的认真，否则这些都是不可持续的。要把这种品质的培养贯穿在日常生活的点滴小事当中，潜移默化，以至习惯成自然。

培养孩子认真的生活态度和习惯可以试着从以下几方面入手：一是要培养孩子的责任感和担当意识，自己的事情自己做，自己马虎的后果自己承担，比如，从上学开始，每天让孩子自己整理书包，带足带齐各种必备的学习用具，家长不要代劳，少带错带的后果让他自己处理、自己承担。二是要给孩子营造一个有秩序有规律的生活环境，培养孩子有秩序有规律的生活习惯。如果孩子生活在一个杂乱无章的家庭中，马虎的一日三餐、无序的房间摆设、喧嚣的家庭环境、粗心的待人接物，会使孩子耳濡目染、照猫画虎。三是家长要用自己认真的生活态度去感染和影响孩子，比如，不论是烧菜做饭还是打扫卫生，都能让孩子感受到你对待生活的态度和品位。

总之，认真的生活态度和习惯形成了，认真的学习态度也自然包含其中。

不要学习某些家长的虚荣，以所谓的“聪明”去掩盖问题。家长每次帮助孩子分析作业时，不要因为孩子由于不懂而出错去批评他，但因为马虎而出错就一定要批评了，而且要严厉批评，以绝后患。比起所谓的“聪明”，认真扎实的学习态度和良好的学习习惯更为重要，试想，因为马虎连会做的事项都做不好，那他还能做好什么事呢？那不就是一事无成吗？一个什么事都做不好的人就是最大的“笨”，还谈什么“聪明”。

爱屋及乌，孩子会因为喜欢某老师而喜欢与其相关的课程，反之亦然

有段时间经常听到一位同事抱怨其上小学的女儿学习成绩不稳定，前两年英语成绩好得出奇，考试从来都是满分或接近满分，可数学成绩却糟得很，总是在七八十分间晃荡。可从4年级开始，女儿的英语成绩直线下跌，堪比去年的数学成绩，而数学成绩却奇迹般地直线上升。从放学回来做作业的速度和正确率也能反映出，女儿的兴趣转移了，从英语转到了数学。同事们帮着分析原因时发现，这两门课从4年级开始都换了任课教师，大概这就是问题的根源。这位同事回家与女儿交谈，果然发现女儿不喜欢新来的英语老师，说“她就是个奇葩，整天穿得奇形怪状的，我们好多同学都不喜欢她”。当问到新来的数学老师怎么样时，女儿

马上眉飞色舞，滔滔不绝："数学李老师特别棒，很有科学家的气质，在他那里什么难题都不在话下。""李老师还给我们讲他小时候的故事，特别好玩。想起来了，还有一道数学思考题，老师说可以和家长一起讨论……"看着女儿兴致勃勃地说着李老师的各种好处，认认真真地思考着李老师留下的思考题，同事瞬间感到的确找到了问题的根源。

我儿子也有一段类似的经历。刚上初中时，有一段时间厌学英语，回来听不到读英语的声音，做作业也会把英语作业拖到最后，应付了事。我儿子那个年代不是所有的小学都开设英语课的，我也没让他上过任何课外英语班，所以，他的英语学习是初一才从ABC开始的。刚发新书时，他看到满篇的异国文字，虽然一个也不认识，却兴奋得不得了，跃跃欲试，拿着书一会儿问我这是什么意思，一会儿问那是什么意思，看他这个劲头和兴趣，我想他一定能学好英语的。可是没几天，他就没兴趣了，而且还经常挑老师的毛病，说老师教得不好，长得也难看。有一天，为了分析他不好好学习英语的原因，我就拿英语老师为话题和他聊天。开始他还假装若无其事地和我聊，可说着说着就再也撑不住了，突然委屈地哭了起来，边哭边说："老师把我的本子给撕了！”哦，我明白了，英语老师撕了他的本子，打击了他的积极性，伤害了他的自尊心，从此他就对这个老师产生了反感，于是为了赌气就不好好学习这位老师所教的科目了。“可是老师为什么撕了你的本子呢？”“她神经病！”儿子愤愤然，“她离婚了，就拿我们撒气。活该没人要。”我批评儿子不应该对老师进行人身攻击，然后慢慢梳理他的情绪和逻辑，最后才弄明白了事情的原委。原来，英语老师由于家庭矛盾个人心情非常不好，上课时全无耐心，情绪也不稳定，对学生的表现稍不如意就大肆批评、罚站、撕作业。在一堂练习默写字母的课堂上，老师发现几个学生写得很差，很是生气，就把他们的作业本撕了，然后发现一例撕毁一例，越撕越生气，最后干脆不问青红皂白从前往后挨个撕。当走到我儿子座位时，看都没看，一把抓过本子，“唰”的一下就撕了。其实儿子写得非常认真，当看到老师撕别人作业本的时候，心里还想着“老师您别生气，看看我写的。”满以为自己的作业会给老师带来些许安慰，谁知也是一样的下场。他当时就想哭，但是迫于老师的威严就憋回去了，但是，从此就对这位老师产生了深深的敌意，处处找她的毛病，总想找办法把受的委屈报复回去。可是学生能有什么办法可以让老师生气的呢？唯一的办法就是不听她的课，不好好做她布置的作业。我了解了实情以后感到必须立即行动，否则孩子的这门功课就完了。于是，我去学校想找这位老师谈谈，可是连续两天都没找到，我就去找了年级主任，反映了我儿子所说的情况，提出要让这位老师给学生们道歉，主动修复师生关系，重振学生的学习热情。年级主任解释说，这位老师家庭的确出了些事，对她的情绪影响很大，也的确影响了教学质量，其他家长也有反映，但说到道歉这位主任很为难。我说，既然其他家长也有反映，就说明这位老师的行为对学生的影响不是个别的，学校必须采取措施，否则我们要求转换班级或者调换老师。交涉最后与年级主任达成了这样的共识，趁那位英语老师请假处理家庭事宜之机，多放她几天假，让她调整好情绪后再上班。此期间她的课程由另一位学生反映好的英语教师代课。半个月以后，这位老师回来了，虽然还是没有口头向学生们道歉，但是从她对学生的态度和授课的认真程度上可以判断，她已经用行动道歉了。儿子的学习态度和对老师的评价也慢慢恢复了正常。

所谓“亲其师，信其道”。建立良好和谐的师生关系可以提高孩子自信心，使孩子主动学习、愉快学习，提高学习效率，有助于孩子健康发展。著名教育家赞可夫说过："学生在课堂上应过着一种积极的、有血有肉的，甚至可以说是沸腾的生活。否则，学生就会终日处于冷漠、惊恐的环境下，常受到无端的指责与呵斥，他们就不可能正常的发展。"心理学研究表明，人的"尊重需要"是与生俱来的，而且是相互的，只有教师尊重学生，学生才会尊重教师，甚至会产生"爱屋及乌"的积极心理效应，把老师提供的知识作为一种宝贵的礼物来领取，而不是作为一种艰苦的任务去完成。尊重学生，建立和谐的师生关系是教育管理部门对教师职业道德和教学方法的硬性要求，毋庸置疑也是评判优秀教师的重要标准。但是，就像任何一个行业一样，尽管都有职业道德的要求和考核评估的规范，但仍然不能保证每一位从业者都能百分之百的遵守。从家长的角度，一方面要监督教师职业道德遵守；另一方面，即使教师的职业操守没有问题，但是与学生的性格和兴趣的差异也有时会产生师生关系的不和谐，所以家长要有意识地帮助孩子建立良好的师生关系，帮助孩子加入"积极的、沸腾的"课堂生活。

在现实生活中很多家长似乎是重视这一点的，经常有家长会主动与孩子的任课教师交流，有的甚至会托朋友找关系认识任课教师等。这些表现都能说明家长是重视与老师建立和谐关系的，但是他们的目标往往是单向的，即只为了达到一个目的：“让老师对孩子好一些”。正确的沟通方式应是平等的，学生不能是完全被动的，家长要帮助孩子找到不同老师的特点和可敬、可爱之处，引导孩子尊重老师、认可老师、信赖老师，从而在老师地教导下快乐地学习和成长。

任何队伍成员的水平都有参差不齐的现象，教师队伍也一样。当我们无法为孩子自由选择任课教师时，我们可以帮助孩子端正对待任课老师的态度。要相信绝大部分老师工作是认真的，是有能力完成教学任务的。我们要帮助孩子挖掘老师的可爱、可敬之处，引导孩子去喜欢和尊敬老师。不和谐的师生关系会对孩子的心理健康产生极大的负面影响，这是现代家长都有的共识，而且会极力避免的。孩子在成长的过程中约有70%的时间是在学校与老师在一起度过的，所以，建立良好的师生关系，是孩子健康成长之必须。

不要占用孩子提高效率而省下来的时间，否则他会永远“磨洋工”

十几年来，从教学目标到课程体系，我国的基础教育在不断进行着改革，其中最受社会关注的还是学生课业负担问题。家长们抱怨学校布置作业太多，影响孩子的睡眠时间。青少年的睡眠问题的确是个大问题，甚至于大过学习。于是有些教育部门就专门对小学生的作业量进行规定和限制，有些小学更是极端，低年级一律不允许布置课后作业，如有违反必将受到学校的处罚。小学生高兴了，可家长又来了新的担忧，没有课后作业，学习的知识还能巩固吗。平心而论，我认为给学生布置适量作业是可以的，而且是必需的。“学而时习之”是老祖宗留下的学习经验，从我自己多年的学习经历和教学经验中也能得出，复习的效果有时会大于当时学习的效果。强化记忆一定要在课后，而且要反复强化，同时还要有思考、有感悟，这些都需要通过课后复习来完成，而做作业就是课后复习巩固知识的最好方式。这些观点异议倒也不大，关键是“量”的问题。为了解决这个问题，有些地方就用政府行为来限制和规范，比如某省教育厅前些年就出台了《关于认真做好减轻中小学生课业负担工作的意见》的文件，文件规定：“控制学生家庭作业的分量和难度。小学一二年级不布置书面家庭作业，小学其他年级书面家庭作业每天总量不超过1小时，初中不超过1.5小时，高中不超过2小时。”可是问题又来了，“1小时的作业”量具体是多少呢？很多人反应文件的可操作性不强，原因在于每个孩子的学习效率是不同的。

说到学习效率，很多家长都有这方面的苦恼，苦恼来自许多孩子的通病——“磨洋工”。有的孩子1小时可以做10道题，有的孩子1小时只能做3道题，还有的孩子总是“磨洋工”，不论作业量多还是量少，自己做题的速度是快还是慢，每天都做很长时间，不磨蹭到睡觉时间不算完。实际上，孩子在学习方面形成了“磨洋工”的习惯很多是与家长有关系的。

我总结了一下，一般容易造成孩子磨洋工的家长有以下几种类型。

一是不断加码型。妈妈殷勤地迎来放学的孩子说：“好孩子，今天放学早，咱做完作业再做两页课外练习册好吧？”孩子乖乖地说，“好的，妈妈。”过了一段时间孩子做完了作业和两页课外练习册后，高兴地喊道："妈妈，我全部做完了，出去玩了啊。"妈妈一看天色还早："这么快啊，还早呢，再做一页吧，就5题，做完就出去。好孩子，听话啊。"孩子很无奈应道："那好吧。"孩子又乖乖地做了5题，由于孩子效率较高，所以很快完成。没想到不守信用的妈妈又变换了花样："好宝宝，妈妈今天给你买了一本新的练习册，我看人家小明也是做的这本练习册，你做一页试试，看看难吧。小明会做，咱肯定也会。"孩子看着窗外渐渐笼上的夜幕，彻底绝望了。没精打采地重新坐到小桌前，很长时间也没有完成一道题。

二是车轮战术型。有个孩子做了一部分作业，请求休息："妈妈，这么多作业，我做累了，歇一会行吗？"妈妈温柔地说："好的，那就弹会儿琴吧。"于是孩子懒洋洋地去弹琴；过一会，孩子又说："妈妈，我弹累了。""好吧，那就再去做会作业吧。""妈妈，不想做了。""哦，那就看会儿书吧。"……从放学直到睡觉，孩子一直在各种学习领域中轮番作战，直至筋疲力尽。

三是题海战术型。孩子放学了，高兴地喊道："妈妈，我放学了。""好，赶快做作业吧。做完以后，再做那本强化训练。""妈妈，做几个强化训练题啊？”“别啰嗦，赶快做，能做几个题是几个题，离吃饭时间还早呢。”孩子一看那厚厚的一本强化训练，一下子就体会到了什么叫“心灰意冷”，眼也黑了，头也大了，拿笔的手都发软了。

四是“寓教于乐”型。就是把学习内容隐藏在游戏中，表面上是同意孩子玩耍了，但是由家长设定了游戏内容，把诸如背课文、写单词等学习内容设为游戏的过关卡口，最后逼得孩子玩游戏的兴趣也荡然无存了。

以上种种都是影响孩子学习效率的不良做法。“上有政策，下有对策”，不要小视孩子的智慧，他们骗过家长完成自我计划的小对策举不胜举，但是这些对策都会影响孩子的学习习惯和学习效率，甚至会影响到孩子的诚信。家长如果能给孩子制定合适的目标，给孩子留有自主安排的时间，不但可以提高学习效率还可以让孩子学会管理自己的时间，而学会管理时间则会使其终身受益。

我儿子上学时，除了假期，我是很少给他布置课外作业的，即使有也是以题量和效果论，而绝不以时间论，比如，今天下午只加做5题，剩下的时间自由支配，出去玩、打游戏、看动画片、睡觉等，只要对健康有益，他都可以自由安排，规定好几点回家吃饭即可。所以，儿子的学习效率一直都比较高，特别是听课效率高，基本上本课堂问题本课堂解决，回家做作业只是课堂内容的再现和巩固，所以一般都可以快速顺利完成，除了高考和中考等特殊情况，日常学习期间很少出现因作业影响睡眠的情况。还有一个挺值得说一说的现象，那就是儿子从小学学习拼音、汉字，到中学学习英语，所有需要回家听写的字、词、句，十几年来从未错过一个字。就这一项就省下了可能在“罚写十遍”“罚写一页”等上面花费的大量时间。我问他是怎么做到这一点的，他轻描淡写地说：“认真听课。”当然没这么简单，他可能有一套适合自己的记忆方法，但是课堂高效率是基础，结合老师讲的重难点去理解和记忆，一定会事半功倍。

有张必有弛，只有张弛结合才能行为得当。家长如果不能合理安排，使得孩子课外始终张而不弛，可能换来的就会是课堂上的弛而不张，这种本末倒置要是形成了规律，孩子的学习效率将无从谈起。

要给孩子留下可以自己支配的时间，尤其不要占用孩子精心管理、提高效率后省下来的时间。家长可以根

据孩子的特点和学习情况，在课堂学习内容之外适量加些课外学习内容，但一定不要“得寸进尺”，如果逼得孩子以降低学习效率来抗拒学习内容，那就得不偿失了。

不必要求孩子总是得第一，但是一定要优秀

儿子上初中二年级的时候，学校各班级开了一次“家长交流会”。班主任简单通报了这一阶段全班学生的学习情况以及他的执教理念以后，就是家长交流了。交流会有指定发言有自由发言两种形式。我是被班主任指定要发言的，所以提前有所准备。我发言的主要观点是，“不必要求孩子总是得第一，但是一定要优秀”。我进一步阐述我的观点，首先，“第一名”是个体，比例小，数额少，争取下来太难，失败的几率太大，执意追求第一，孩子的童年必将会有很多阶段在“挫败感”中度过。其次，“第一”具有排他性，在排他过程中会引起强烈的矛盾冲突，会给孩子造成很大的心理压力。第三，如果对竞争性和对抗性掌握不好的话，孩子的心态容易从积极向上变成防范左右，从而使健康的心态受到扭曲。当然，我并不排斥孩子得第一，这里讨论的是作

为目标要求的“应然”层面而不是讨论“实然”。

鉴于以上分析，我们给孩子设定的目标是成为“优秀者”。首先，“优秀者”是群体，比例大数额多，通过努力容易实现，所以孩子的童年大部分时间可以在“成就感”中度过。第二，优秀群体兼容性强且不具排他性，所以在实现过程中冲突小，矛盾少，可以团结协作，合作共赢，孩子心理压力比较小，同学关系好。发言完毕获得一阵掌声。接下来交流时就有人提问，为了减少矛盾降低压力，是否可以借为孩子营造健康快乐自由的童年为由，放任自流、不设目标、任其发展呢？我的回答是不可以。一定要教育孩子努力向上刻苦学习，使其成为优秀群体中的一员。原因很简单，现实社会的资源尽管很丰富，但毕竟是有限的，比如高等教育资源，即使到了高等教育普及化阶段，绝大多数适龄青年只要愿意都能够接受到高等教育，但是优质高等教育资源却不是大多数人都能得到的，即使是西方发达国家目前也做不到高等教育均衡发展，而接受教育的情况将直接影响到孩子的人生修养、精神品质和职业能力，所以要想具备选择接受优质教育资源的能力的话，就必须进入优秀群体行列。再比如工作岗位，虽然工作不分贵贱，但是分适合与不适合；分有兴趣与没兴趣；分经济收人是否可以支撑你有尊严的活着。所有这些都需要选择，选择机会人人均等，但选择的主动性与被选择的优先性就大相径庭了。如果你对于这一切都失去了选择的主动性和被选择的优势，那么你的生活就会很被动，甚至会到了为了生计而活着的地步，那么幸福感、快乐感都会大打折扣。以上所有这些都需要优秀。

我的发言得到了班主任和大部分家长的认同，而且还作为一篇较有价值的发言多次被班主任在班会上引用，我儿子很自豪，回家狠狠地表扬了我。儿子也是在这一理念指导下，既认真刻苦，又轻松地度过了基础教育阶段，学习成绩一直保持在优秀行列，业余爱好、课外活动也得以坚持不懈。

我们看到太多的“要强”的家长，以培养孩子的竞争意识和竞争能力为立论基础，逼着孩子事事争第一。考试要考第一；跑步要跑第一；竞赛要拿第一；每次试卷都要求满分，孩子考不上第一就得不到家长的肯定，孩子自己也百般自责。考了第一就想着如何保住第一；如何证明自己；如何不让老师和家长失望，等等，孩子每天都生活得战战兢兢、如履薄冰。

我有一位中学同学就是以上所说的“要强”的典范，这位同学聪明好胜，但由于种种原因其本人很多远大理想都未能实现，一直心怀不甘，于是把满腔抱负都转移到孩子身上，她要向世人证明她的儿子是最棒的、最聪明的，她的教育方式是最好的，实际上其潜意识是想通过儿子来证明她自己是最棒的。她证明的方式就是用儿子的分数和校内外各种比赛的名次。她儿子也很配合，在长期的家庭教育灌输中牢固树立了“第一光荣，第二可耻”的理念，每次考试如果没有保住第一名，都要自我检讨一番，有时检讨到痛心疾首处还会自己猛抽自己嘴巴。同学是作为“经验”骄傲地给我介绍这一幕的，可是我听了以后心直打颤，这到底是一个怎样沉重的童年啊。

前几年教育界一度热议一种现象叫做“十名现象”。一位基础教育研究者用了十多年时间跟踪调查了数百名学生，最后发现在校期间前几名的尖子生，升入大学乃至工作以后有相当一部分会“淡出”优秀行列，而许多名列十名左右的学生在后来的学习和工作中竟出人意料地表现出色。对于这一调查结果，专家认为，长期的竞争、成功、表扬，可能会把第一名们的注意力从努力做事引到努力证明，因为专注证明自己“行”，他们会去寻找那些能证明自己的事去做，而原来可以吸引他们的一些有趣的事，会因为有失败的可能性而失去对他们的吸引力。而十名左右的学生心

里相对轻松，既没有“保一”的压力，也没有“差生”的自卑，学得轻松，玩得高兴，兴趣广泛，独立性强，学有余力、储有后劲，在今后的成长中有着难以预想的潜能和创造力。这些分析不无道理。

不要给孩子设定过高的目标，没必要强求孩子事事争第一，更不能有“我的孩子最优秀，就应该是第一”的念头。念好“健康、优秀、快乐”六字经即可。“健康”是最重要的，包括身体健康和心理健康。“优秀”是一个群体概念，它不具备“第一”的唯一性和排他性，达到优秀较之于必争第一而言，通过努力是较容易达到的，也是应该达到的，否则，“快乐”和“幸福”的来源将会大受局限。

要理智地承认差异，找到自己孩子的最佳适合点

前不久看到一则报道，国内某中学根据学生的学习成绩把初中某年级的学生分成了A、B两种班。实际上就是多年前大多数学校都存在的“快慢班”，但是现在教育部在全国推进基础教育均衡

化发展，努力实现教育公平，办人民满意的教育，下达文件撤销学校中可能引起教育资源分配不均的“快慢班”“重点班”。在此形势下该校换了个表述，摒弃“重点”“快慢”等这样等级性的词语，把其称之为“AB班”。我相信学校管理者的初衷是好的，是懂得教育规律的，动因应该是“因材施教”。可是方案一出，不论用什么样的表述终究还是没有逃过家长们的火眼金睛，他们的第一反应就是“歧视”，于是网上舆论哗然，特别是孩子被分到B班的家长们大呼这是“歧视性”政策，坚决抵制自己的孩子被分到B班，拒绝让孩子到B班去上课。一个符合教育规律的理念就这样被实践否定了，学校不得不撤销AB班的设置，重新回到平均主义的教育模式上来。

可是，事实上孩子的智力、兴趣、学习能力等各个方面的确是有差异的，人天生就是有所不同的。受制于生理和心理上的遗传因素；受制于我们生活环境的习俗和传统；受制于各个家庭教育中对孩子的智力开发；受制于孩子的健康与体力、心智与性格、兴趣与能力，等等，千差万别，即使双胞胎也会有差异，“不存在完全一样的两颗豌豆”，这是事实也是科学。实际上，这也正是人类选择和进化的物质基础。在这些千差万别中，作为普通家长，不一定有理由相信或者认定自己的孩子就一定是诸多优势集于一身的，所以，理智地发现自己孩子的所长所短，承认差异，因材施教，才能够达到最佳的教育效果。当然只是用分快慢班或AB班的做法来达到因材施教的目的还是太过简单，而且根据单一的考试成绩强行分班更是让家长难以接受。在这方面，美国基础教育以多重选择为基础的学分制做法值得借鉴，不妨在这里介绍一下，或许家长们能从中得到一些启发。

由于美国联邦制的分权管理，联邦政府没有统一的课程标准，但每个州都会制定本州的课程目标和毕业生毕业标准。以康涅狄克州（State of Connecticut）高中段教育为例。康州对高中毕业生的要求是在四年的高中段（9—12年级）必须修满不少于20学分的课程方能毕业。而在这20学分中，英语课程（必修）不少于4学分、数学课程不少于3学分、社会学习不少于3学分、科学课程不少于2学分、艺术或职业教育不少于1学分、体育不少于1学分（康州教育法Sec.10−221a）。各个高中根据基本要求及本校的资源及特色，把总学分分配到各课程，以州教育法规定的学分和学分分配为底线，制定出自己的标准，一般都会比州的标准要高一些，21学分至28学分不等。美国的教育是鼓励个性发展、鼓励拔尖的教育，同时教育资源非常也是美国教育的一大特点，各个学校都会根据师资条件开设多种不同类别的课程可供选择，比如有的高中课程科目种类就有语文、数学、社会学习、科学、体育、外语……商务、健康、工业技术、生活技能、媒体制作、学生助手等十三种。每一个科目类别下又开设有很多门课程，比如，科学类就有物理、化学、生物等。有的学校仅社会学习（social studies）科目就开设了美国政府、市民学、美国历史、世界历史、美国经济、亚洲史、非洲史、比较文化、中国与日本等近20门课程之多。这还不是关键，最为关键的是每门课程又分出许多层次，特别是一些核心课程都在同等学分下分出不同的等级难度层次，学生可以根据自己的能力兴趣以及以后的择业去向去取舍选择，比如，有的学校物理课就开设有物理1、物理2和物理AP课（所谓AP是Advanced Placement Program的缩写，即先修课程，学生通过AP考试获得的学分在认可的大学可获得相应科目的学分转移），而这些不同难度的物理课都是同等学分。其他如化学、生物、历史、数学等也一样有不同的难度设置。在以上这些丰富的课程设置中，学生可根据自己的兴趣、爱好和能力去组合课程来满足学校对学分的要求。选修学分可以任选课程，必修学分也有选择空间，比如，学校要求科学课必修2学分，学生可以选择1个学分的物理课和1个学分的化学课来完成；也可以选择1个学分的生物和1个学分的环境科学来完成；还可以选择1个学分的AP物理和一个学分的AP生物来完成；当然也可以选择多于两学分课程来完成等等。所以同样的学分数所包含的内容以及学术水平是大不相同的，但都在学校要求的最低水准以上。由于义务教育的年限限制，美国的高中并不十分强调弹性学制，绝大部分学生还是四年毕业，但是同样是高中毕业，同样是修满了20个学分，所修课程的内容以及课程难度是有极大差别的。这些内容和难度差异的层次性远远不是“快慢班”所能企及的，但是并没有由此而激起美国家长们的愤怒和抵制。一篇文章曾这样说到：“与中国教育以显性的应试来划分学生群体不同，西方教育实际上通过一个宽松的过程，不动声色中完成了社会分层”。

我们一个“AB班”就让家长们的心理不平衡到了极点，其原因不是学校的教育理念出了问题，而是工作方法和处理问题的角度出了问题。如果由现在的让学校和老师选择学生，改变成学校提供出不同的课程配比套餐式教学计划或教学班级，由学生自主选择进入；如果学校把出发点由为了教师更好地教，变成为了学生更好地学；如果学校把以考试成绩为分班唯一依据，变成以学生的能力取向和兴趣特长为依据，可能社会的反响和家长的配合度就会大不一样。家长要从中明白差异存在的客观性，要正视自己孩子的特点，不要盲目攀比去追求所谓的起点公平。适合每一个孩子的特点、充分发挥每一个孩子特长，最大化地激发每一个孩子的潜能教育才是真正公平的教育。

目前，我们国家正在推进基础教育均衡发展，孩子接受优质教育的机会更加公平，成绩显著不容置疑，但是在推进的过程中有混淆“公平”和“平均”概念的倾向；有只注重“公平教育”而忽视了“因材施教”的现象。长此以往的确可以提高基础教育平均水平，提高国民素质的平均层次，但是拔尖人才、特殊人才、精英人才也被“平均”削掉了尖儿。这一遗憾，家长们要根据自己孩子的特点、特长设法进行适当的补充。

家庭教育要为学校教育纠偏，成为学校教育的补充

一个孩子的教育是由学校、社会和家庭三方共同完成的。

我这里说家庭教育要为学校教育纠偏，并不是说我们的学校教育不好，相反，总体而言中国的基础教育有很多可取之处，成绩斐然，比如，重视对学生的“双基”培养，即重视对学生的学科基础知识的系统传授和学生在学业领域中问题解决技能的训练。再比如，课程内容结构严谨，系统性、逻辑性强。还有，坚持以课堂教学为中心以及严明的课堂纪律等，所有这些做法和成绩在国际上都是有口皆碑的。在国际经济合作与发展组织（OECD）组织开展的国际学术评估项目（PISA）中，上海中学生从2009年开始参加并连续两届在50多个国家中名列前茅，特别是在阅读、数学和科学三大测试科目中中国学生的成绩远超过其他国家学生，在国际上掀起了一股研究中国基础教育之风。但相较于一些发达国家的基础教育，我们也有明显的弱点，那就是个性化弱、选择性小，在上一个段落中我也说到这个问题，尽管这些年来也做了不少改革，但是效果并不尽如人意。

在本人对美国基础教育连续进行半年的细致考察以后，认为中美两国基础教育比较起来，不能简单地用谁好谁不好这样绝对的结论来表述，只能说特点不同，达到的效果也就不同。美国的基础教育释放孩子的个性，发展孩子的个性，孩子们可以根据自己的个性和能力去选择学习的内容和难度，高中阶段选择大学认可的学分都是可以的。而差的呢，我见过一些美国10年级（相当于高一年级）学生的作文考卷，写上一两行字就交卷的学生大有人在，比我们高一学生的最低水平要差得多。而我们的基础教育几乎是平均教育，是不让一个孩子掉队的共同提高的教育，这样一来“下”是保了底，（实际上这是我们基础教育在提高国民总体素质上做出的巨大成绩。）但是“上”也被封了顶，特殊个性和特殊才能的学生很难施展其个性，教育出来的学生基本上是流水线上的标准件。造成这种现状的原因有国情因素，孩子太多，班额太大，老师很难真正做到对每个学生因材施教；也有教育理念的因素；还有师资水平因素。目前师资力量不足，学校生师比普遍偏高，教师水平和敬业程度也参差不齐，孩子的个性特点以及特殊需求得不到应有的关注几乎是必然的。

我为大家分析这些，就是想让家长们在宏观背景下去观察微观现象，理智地分析这一普遍现状和由此所引起的教育偏差对你孩子有何影响，不是一味用抱怨的态度去反复要求学校如何如何，而是学会配合、补充甚至是纠偏。如果家长多与任课教师交流，掌握孩子的能力和特点，通过有意识的家庭教育去补齐或纠

正，仍可做到因材施教。

我儿子小时候所需的睡眠时间比较长，如果睡眠不足就会头晕，有时甚至会呕吐。鉴于这种情况，过一阵子我就会去学校帮他请半天假在家睡觉。有时作业过多影响睡眠，我就会帮他选一些对他来说有价值的作业，其余的可以弃而不做，第二天亲自向老师说明情况，以求得老师的谅解。儿子上小学时，有一次老师针对某些学生所犯的听写错误，给全班布置了把某几个易错字各默写10遍的作业，儿子放学回来就很不高兴，说："为什么别人犯的错误我要受到惩罚，""这几个字我都会写，一个也没错。"我看了看他前一天的作业，果然是一个也没错而且笔画工整，就说："好吧，你可以不做，""那这省下的时间你干什么呢？现在这个时间段，小朋友们都在做作业，外面也没人和你玩啊……"本来我想直接说"那就做点课外练习吧"，可又怕引起儿子"我省下的时间我做主"的反对，所以拐弯抹角地看着儿子的反映，儿子可能也觉得我说得有道理，想了想就说"那我练琴吧。"于是主动地把老师布置的练习曲练得滚瓜烂熟。至于第二天如何向语文老师交代，这就要靠家长平时多与老师沟通了，没有老师不想让学生学好的；没有家长不想让孩子优秀的，基于这一共同点，家长在遵守学校大的规章制度的基础上，谦虚认真地与老师沟通，在因材施教上达成共识是没有问题的。

> 不能把孩子往学校一送、把孩子学习的责任一股脑全部推给老师就完事了。有些家长挑起老师的毛病来句句在理，就是没有纠正的能力和行动，于是整天处在抱怨之中。人无完人，任何一个老师即使再敬业也不可能对每个孩子都关照得面面俱到，“因材施教”的实施要靠家长们的密切配合。

从小游历广，长大见识多。读万卷书，行万里路

最近在网络上，河南省实验中学一位教师的辞职信突然火了起来。辞职信只有十个字：“世界那么大，我想去看看”，被网民们誉为史上最具情怀的辞职信。大家在有感于这位教师勇敢、率性的同时，也体现了人们对了解世界的渴望。对世界了解的程度决定了一个人的认识水平、站位高度和人生态度。而了解和认识是慢慢积累的，所以重视开阔孩子眼界，行万里路有时比读万卷书更加重要。

由此我想到多年前的一件事。一年暑假，我带着儿子到北京游览。某天约上在北京的朋友带孩子一起去看天文馆。朋友就是北京人，孩子生长在北京市，比我儿子小几岁，当时3岁左右。我们两大两小四人兴致勃勃地进入天文馆的穹顶大厅坐定，等待着模拟演示奇妙的天体现象。

灯光渐渐地暗了下去，不一会儿，穹顶大厅完全黑了下来，霎时，群星争辉，繁星闪烁，随后模拟演示正式开始。随着“地球”的转动，一个天籁般带有磁性的声音从空中缓缓传来，对各个星座进行讲解。满屋的观众恍若置身原始的旷野，都屏住呼吸，欣赏着这广袤无垠的璀璨星空。不料，朋友的孩子突然大哭起来，带着恐惧的哭声响彻“云霄”，好像在原始寂静的宇宙间突然降生了人类。我们立刻不知所措，为了不影响其他观众，朋友只好抱着孩子以最快的速度离席，遗憾地结束了这次“星际旅行”。事后，朋友好像找到了原因，幽默地说：“我可怜的儿子，自从来到这个世界上，还从没见到过星星呢，能不恐惧吗！”没见过星星应是玩笑话，可想想也是，一直生活在高楼林立的现代化大都市的孩子到十几岁都只见霓虹不见星空的真是大有人在。这样想来，没见过如此寥廓星空的三岁孩子那就真不算可怜了。

二十多年以后，当这个孩子已经成为美国一所著名大学的博士生的时候，我们几个好朋友聚到一起还会聊起那一声石破天惊的哭声。因为从这一哭声中，我的这位朋友得到了启发和感悟，从那时候起，她就想方设法为儿子创造游历的机会和条件，上山、下海、去城市、到农村，就连上大学都特意建议儿子选择生活地以外的大学就读，由此造就了这个孩子具有独立、开朗、和善的个性，以及见多识广、思路开阔的视野。

古今中外先哲们有很多关于丰富人生增长才识的谏言，其中“读万卷书、行万里路、阅无数人”最脍炙人口，甚至很多人更直截了当地说：“读万卷书不如行万里路”，因为有些人你不行万里路阅不到，有些书你不阅无数人是读不懂的。所以家长们要利用节假日多带孩子“行万里路”。去繁荣的城市，也要去落后的农村，去风景名胜，也要去原始旷野；除了增长人文、历史、动物、植物等多方面的知识，更重要的还要让孩子了解世界的多样性，了解价值观的多样性，了解生命形态以及生活方式的多样性。理解不同人的生活方式、思维方式、行为方式，认识差别。家长要用一言一行引导孩子保持自然、平等、宽厚、包容的行为和态度。面对差别和多元，教育孩子能以责任之心去对待，次之也要以尊重之心去对待，摒弃傲慢与偏见，以消除孩子形成狭隘、偏执和狂妄的萌芽。实际上，大到宗教冲突、国家纷争、民族仇恨，小到邻里纠纷、同事矛盾、婆媳争斗，其起始点都与狭隘、偏执和狂妄有关。

关于“行万里路”，孩子尚小的家长们可能会有“孩子太小，记不住，去了也白去”的想法。是的，这种想法很自然，但是问题是你想让孩子记住什么？可能具体的知识点的确记了又忘了，但是孩子由此过程体验所获得的感悟会成为他下一步认知成长的起点。

我曾做过20多年的大学教师，其间一个巨大的福利就是每年有寒暑假。我最大化地利用了这些假期，带着儿子去认识大山之雄伟；感受海洋之浩瀚；体验城市之繁荣；感悟农村之淳朴。我有晕车的毛病，儿子小时候也晕车，家庭经济也不算宽裕，暑假骄阳似火，寒假冰天雪地，出去旅行很辛苦，但我们坚持不辍。探访名胜古迹；流连乡间自然；认知社会发展的前沿；了解原始落后的农村。我是教师，脱不开我的职业思维方式，我把每次出去都当做一次见习课，设定好主题并认真备课，以备在行程中为儿子讲解，在为儿子备课的同时自己也得到了学习和提高。多年以后，儿子可能真的记不得我给他讲过的半坡遗址的仰韶文化、孟姜女哭长城的传说故事、海洋文明的特点、中国城乡的二元结构等等这些具体的知识点，但是他成人以后看待问题较开阔的视野、不极端不偏激的性格以及待人平等友善的情怀等品质，应该与小时候的体验、感悟不无关系。

“心有多大舞台就有多大”这话说得太宏观，但是“心理距离决定思维尺度”说得还是挺具体的，人们与某个事物或某个地方的心理距离和物理距离并不是同一个概念，而缩短心理距离靠的是了解和交流。要让孩子了解世界，认清自己，尊重别人；丰富内心，宽大包容，平等交流，使其具备“精英意识、百姓情怀”。

有条件的家庭，最好让孩子学一门艺术

在中央电视台的王牌节目《星光大道》上，主持人朱军说过这样一段话，“在知天命的时候，突然找到了父母留给我的那把打开密码的钥匙，让我找回了重回少年的能量，那就是父母在我小

的时候督促我学习的那些东西，包括画画、音乐等。”他想表达的是学习艺术的过程滋养和丰富了他的美学修养，而这些美学修养可以成为打开快乐幸福密码的钥匙。随后，当天的一位年轻女嘉宾也有感而发说，每个人都应该在小的时候学习一种在以后可以慢慢陪伴自己的才艺，她说：“我会对我的孩子说，妈妈希望你学习一门艺术，并不是非要你从事这个职业，而是使你能在将来漫长寂寞的人生当中，感受生命的美丽和生活的美好。”在这个单元中，我想表达的就是这个主旨。

著名美学家朱光潜曾总结过这样一种现象：“走东岸时我觉得西岸的景物比东岸美；走西岸时适得其反，东岸的景物又比西岸的美。对岸的草木房屋固然比较这边的美，但是它们又不如河里的倒影。同是一棵树，看它的正身本平凡，看它的倒影却带有几分另一世界的色彩。我平时又喜欢看烟雾朦胧的远树，大雪笼盖的世界和更深夜静的月景。本来是习见不以为奇的东西，让雾、雪、月盖上一层白纱，便见得很美丽。”阐述这些经验，只为了总结出他的著名论点：“总而言之，美和实际人生有一个距离，要见出事物本身的美，须把它摆在适当的距离之外去看。”而艺术恰恰是与实际人生有适当距离的，艺术可以弥补人生和自然的缺陷，艺术家和审美者的本领就在于可以跳开利害的圈套，在美的事物和实际人生之中维持一种适当的距离，去发现和欣赏事物与自然的美。

绕了这么一个大圈子，我想说的是，与我们一样，孩子将要面临的漫漫人生太过具体、复杂和实际，有很多时候迫于生活的需要，不得不把利害看得太过认真，有时就会给自己造成很多苦恼甚至是苦难，生活可能就会失去情趣和意义，所以，我们要给孩子储存一种潜能，那就是适时地抽身跳开利害的圈套，站在适当的距离之外去看人生世相，从而发现和领略“可效用于饮食男女的营求之外”的趣味和意义。而艺术修养和审美能力是可以帮助我们拉开距离看人生的。看到人生的美，找到辛苦中的欢乐。这样生活就不会那么单调、沉重和无趣了。

让孩子具体选择哪门艺术去学习并不重要。人们对于艺术的感悟和美感修养都是要通过一定的载体来实现的，从这个角度来说，任何一门艺术都是一种修炼载体，以已选择的艺术门类为载体，通过对技能学习和刻苦训练，从而达到对艺术的鉴赏、文化的领悟、精神的愉悦和境界的提升。从学习“丝竹之乐”逐渐达到理解和欣赏“丝竹之乐之乐（le）”，最后都在载体之外的艺术修养和文化觉悟上殊途同归了。所以，载体的选择不是最为重要的，尊重孩子的兴趣和特长发展，可以让孩子多观察多尝试，也可以通过短期试学来确定。

我儿子小时候对音乐有特殊的兴趣，在他还没有书桌高的时候就可以两手扒着桌边，一动不动表情凝重地听完整部贝多芬的《命运交响曲》，尽管他当时并不理解其中的深意。但是尝试着让他学习绘画时，他就兴趣一般，完成任务时草草了事。所以最后就按照他自己的意愿，在上小学的前期与邻居小朋友一起拜师学习了手风琴，后又根据他的请求，学习了钢琴，而且一直坚持巩固下来，成为了他生活的一部分。

在陪同儿子学琴的过程中，我发现很多孩子学习艺术的初期都是很有兴趣的，绝大多数是主动自愿的，但不久兴趣就消失殆尽，坚持学下来的小伙伴则寥寥无几了。我儿子小时候生活在大学校园，家长们的文化水平相对较高，对孩子的早教、家教、艺术教育的意识都比较强，所以，与我儿子年龄相仿的那一批小朋友学习一门艺术的比例大约能占90%以上，但是能坚持学下来的不到30%。为什么呢？我分析有一个重要原因，就是家长们只注意到督促孩子进行枯燥的技巧训练，没有帮助孩子去体会和发现其中的美，所以使得孩子的兴趣得不到延续的动力和源泉。很多家庭对孩子学习艺术有太多的期许，太重视“形”和“技”的训练，而忽视了“情”和“魂”的感悟。没有引导孩子把“技”和“情”结合起来，把技巧和文化结合起来，才使得孩子感觉非常辛苦又枯燥无味。更重要的是社会上艺术教育机构的老师们也大多被市场化、功利化，很少有老师能在“技”的教学以外引申到文化修养，对学生的评价也只有唯一的途径：“考级”。按小时收付费的教与学使得双方都很难静下心来去细细欣赏并领悟有形的技与术深层的情与魂。这样一来，学习一门艺术的初衷往往就被异化了，孩子的热情和兴趣也被转移了。

从我儿子学艺之初，我们定的目标就是涵养艺术情操，提高综合素质，没有一定要成为音乐家的奢望，也没有要靠此项技能满足升学加分的功利需求，所以孩子学起来就很轻松。练习老师布置每一个曲子时，我会尽量查找资料给他补充讲一讲这个曲子的创作背景、作曲家的生平、曲子想表现的情绪等，同时还买了一些磁带让他反复欣赏世界顶级乐团或音乐家演奏该乐曲的效果。使他在练习这首曲子前或中先喜欢上这首曲子，先领悟到这首乐曲所表达的情绪和境界，从而激发他要亲自把它表现出来的欲望。当他发现自己手上的功夫达不到自己期望的效果时，自然就会刻苦练习基本功。据儿子的同学反应，他经常会在上学的路上边走路边以自己的衣服纽扣为键盘练习指法。

当时中央2台的一档音乐节目《音乐桥》，是我儿子最喜欢的节目，他从这个节目中认识了卡拉扬、小泽征尔等世界著名指挥家，见识到了交响乐团在舞台上的排兵布阵，欣赏到了不同时期不同作曲家的经典音乐作品。有一次他在电视上听完一场交响音乐会后，激动地对我说：“长大我要当一名外国作曲家。”记得在著名指挥家卡拉扬逝世十周年时，正在上初中的儿子自发地写了一篇深情的纪念文章。由此可见他对经典音乐的喜爱。儿子在学琴阶段换的几位不同的老师，都由衷地夸他“乐感好”，我想对音乐好的感觉是与技巧、手法之外的文化引申分不开的。当然，我也不否认在某些阶段可以用考级的方式来促进孩子的学习积极性，同时也给孩子以成就感，但是绝不能以考级为最终目的。当我们发现老师为了让孩子考级开始拔苗助长、把业余的艺术熏陶也变成了应试教育时，我们就果断地放弃了继续考级，转而进入了自由快乐的欣赏式学习。

美学大师朱光潜说：“艺术是情趣的活动，艺术的

生活也就是情趣丰富的生活。人可以分为两种，一种是情趣丰富的，对于许多事物都觉得有趣味，而且到处寻求享受这种趣味。一种是情趣干枯的，对于许多事物都觉得没有趣味，也不去寻求趣味，只终日拼命和蝇蛆在一块争温饱。后者是俗人，前者就是艺术家。情趣愈丰富，生活也愈美满，所谓人生的艺术化就是人生的情趣化。”我们不一定要求孩子都成为艺术家，但最起码不要成为一个俗人。

要注意倾听，让孩子充分表达

“在多次参加了孩子所在学校的各种课外活动之后，给我印象最深的是来自中国的学生语言表达能力比美国的孩子略显欠缺。这固然与其非母语的因素有关，但从我的体会来看，最重要的是因为没有注重从小对他们进行语言表达能力的培养和训练。对此，我应该反思我对两个孩子的教育。”

这是一位两个孩子的妈妈从美国给我发来的邮件。她的两个孩子相差三岁，现在都已经大学毕业，大的已经工作，小的正在找工作。较之老大，老二的语言表达能力要欠缺一些，所以工作面试屡屡受挫。通过反思，这位妈妈认为自己有责任。她在邮件中写道：“在他们小的时候，老二的语言表达能力较之于长他三岁的哥哥当然相差很多，所以，我们往往更愿意听老大说话。开始的时候，老二经常感觉自己被爸妈冷落，就常常故意插话，以此引起大家的注意，但是因为他年龄小理解不了我们正在谈论的话题，插话经常跑题，我们就很烦，于是总是会让他别说，先听哥哥说。有时他会重复哥哥说过的话，以显示他所说的正是我们在谈论的，可是往往又会遭到大家嘲笑，说他鹦鹉学舌。久而久之，老二就不再积极地表达自己了，导致了他长大后的不善言辞，直接影响到了他的自信心。后来我发现了这个问题并设法纠正时，为时已晚，影响已经形成。老二在语言表达方面的不足在前段时间的面试过程中就体现出来了，导致了他的面试结果并不是十分理想。反思对他的教育过程，我有责任，后悔莫及。”

著名的意大利儿童教育专家玛利亚·蒙台梭利认为，一个人的智力发展和形成概念的方法，在很大程度上取决于他的语言表达能力。语言表达能力是一个人重要的能力之一，因此从小培养孩子的语言表达能力，对其智力发展至关重要。作为教师我有一个切身体会，那就是了解一件事与准确地表达出这件事完全是两码事，而表达的深入浅出能让别人容易且准确理解则更难。准确表达出一件事所需要调动的脑细胞和知识资源要远远大于默默地了解这件事，所以作为父母，鼓励孩子积极地表达自己的想法、表达对一件事情的看法或者陈述自己所了解的某件事情，对孩子词汇量的积累、智力开发乃至自信心的建立都是非常必要的。但是在教育孩子过程中，家长往往会自觉或不自觉地忽视这一点，就像上述例子所列举的那样，家长往往没有耐心让言语并不流畅的孩子充分表达。

除了上述的情况以外，我还遇到过另外一种情况。邻居小两口都是博士，教学科研能力都很强，特别是妈妈统筹能力极强，时间抓得紧，办事效率高，教学、科研、家庭三不误，是典型的“女强人”。小两口有个可爱的胖儿子，遗传着双博士的优秀基因，孩子各方面发育都稍超前于同龄孩子，唯独有一项落后了，那就是“说话”。孩子的单词、单字发音并不晚，但到快两岁了还不会说出完整的句子。小两口着急了，带着孩子去看医生，检查结果一切正常。经验丰富的儿科医生通过与家长的进一步深入沟通，终于找到了原因。医生认为家长的理解能力太强，致使孩子的语言表达滞后了。每当孩子有需求要表达时，只要几个单词或一个手势，家长就理解了，立刻完整地说出了孩子想要表达的意思，孩子不用再费劲去组织语言了。就这样家长以其准确、快速地理解耽误了孩子表达能力的发展。小两口觉得医生的分析有道理，从此在与孩子交流时故意放慢节奏，学会了倾听，不打断、不讥笑、不代替，鼓励孩子完整、准确地表达自己的需求。不久孩子的语言表达能力逐渐赶上了同龄人。

> 也许孩子的想法很幼稚，也许由于口齿不清表达含混，或由于判断不准而表达错误，或重复别人的话，但无论如何也要让他（她）说。家长应该耐心倾听、正确引导、巧妙纠正，千万不要打击孩子的积极性。在与孩子交流的问题上不是效率优先，而应该是表达至上。

每天大声朗读会使人生更美好

美国阅读研究专家吉姆·崔利斯（Jim Trelease）著的《朗读手册》封面上有一段话是这样说的：“你或许拥有无限的财富，一箱一箱的珠宝与一柜一柜的黄金，但你永远不会比我富有——

我有一位读书给我听的妈妈。”书中描述了这样的故事：“从德瑞克出生的第一天起，他的妈妈就每天给他读一个故事，经常还不止一个。到小家伙3岁时，他已经准备好要听第一本小说了。”4岁时，他已经开始学着自己朗读了。他没有上过昂贵的早教班，也没有使用厚厚的识字卡片和发音录音带，仅是朗读。当德瑞克上学时，他已经听过数十本小说、上千本绘本，再加上自己读过的书，他已经学到了上万个单词，基本懂得了各种情绪的表达。然后，我要你想一想坐在同一个教室的孩子，如果他们是在普通家庭长大的，没听过大人念书，过去几年也只看过几本绘本，那么，哪个孩子掌握的词汇更丰富、能较好地理解老师的话呢？哪个孩子在课堂上能够更持久地集中注意力呢？

艾琳出生时，她的妈妈担任小学教师已长达22年，她把课堂上给学生朗读的经验使用在女儿身上，使艾琳的语言能力得到了很好的发展。“21个月时，她就可以说出完整的句子，到24个月时，她已经知道1000个词了。这样的成就并没有借助任何识字卡片来完成。”“因为有了听故事的经历，艾琳很容易就能集中注意力，而且她对书的兴趣也一直在增长。到4岁时，除了绘本，她也可以听长达100页的长篇故事。”到5岁时，艾琳已经可以读书给

别的小朋友听了。当地读书会以艾琳为例做的宣传小册子上写道：“所有的婴儿出生时都是平等的，没有人会说话、数数、读书或写字，但这些孩子在进入幼儿园时却是不平等的。差异的原因在于，他们的父母是尽量培养他们，还是仅仅看着他们长大而已。”

《朗读手册》中列举了许多妈妈给孩子朗读、孩子自己每天朗读以及亲子共读的故事，这些故事都说明一个事实：朗读可以使孩子更聪明；朗读可以使孩子更优秀；朗读可以使人生更美好。

首先，朗读可以促进阅读，而阅读对于一个人的健康成长和能力的形成很重要。你读的书越多，知道得就越多，理解力就越强。单就从学习的角度来说，每一科的知识都是要通过阅读来学习的，即使是以计算为主的理科，也必须先读懂文字叙述的部分，了解题意后才能进行计算，所以，有些儿童教育家认为，孩子入学前需要掌握的最重要技能不是别的，而是词汇量。不同学习成绩孩子的最初差别不是别的，还是词汇量。而阅读是增加词汇量的最简单最有效的方法。在孩子还没有自我阅读能力和尚未形成阅读习惯时，听家长朗读就自然成了增加词汇量的最佳途径。美国的一个研究机构曾对42个普通家庭进行跟踪研究，研究人员根据家长的社会背景和经济水平把孩子分成3个组，知识分子家庭、工人家庭、福利家庭，42个家庭孩子的年龄一样大。研究人员从孩子7个月时开始跟踪，定期记录下每个家庭的日常谈话和行为，并将之存到数据库。在收集了3年多的资料后，研究人员进行了对比分析，结果发现不同家庭的孩子听到的话的类型以及词的多少差别非常大。同样是4岁的幼儿，知识分子家庭的孩子听到4500万字，工人家庭的孩子听到2600万字，而福利家庭的孩子只听到1300万字。而这一差距与父母对孩子爱的程度没有任何关系，唯一原因就在于家庭教育理念和方法不同，知识分子家庭更注重从朗读中让孩子接收到比日常交流更多的词汇。

从小帮助孩子形成阅读习惯是家长送给孩子的最好的礼物，也是你的孩子优越于别的孩子最厚重的资本，阅读除了增加词汇量、提高理解能力以外，还有更重要的那就是丰富的阅读可以使人智慧、优雅，使人有充实的精神世界、健康和更加全面的发展。

第二，朗读可以领悟语言韵律。语言的美不仅表之于形，还诉之于声，特别是汉语言，其韵律之美是其他语言不能比拟的。孩子每天高声朗诵像唱歌一样，轻松快乐，抑扬顿挫，弦歌不断。久而久之，语言的韵律、节奏以及词语的固定搭配、诗词的常规格式等，都会在不知不觉中潜移默化，形成很好的语感，从而在对外表达中运用得自然而然，脱口而出，稍加修饰就可成文成篇。人们通常说“熟读唐诗三百首，不会作诗也会诌”，这就是语感。

我侄女小石头，是这个家庭在传统计算方法上唯一的第三代，一出生就担负着上两代文人的期望。从事多年语文教学的爷爷希望把孙女培养成诗人；大学中文系毕业的妈妈想把女儿培养成为作家；时为文艺青年的爸爸当然期望女儿成为新一代文青；教了一辈子中学数学的奶奶也信誓旦旦要为孙女精心制订培养计划。两代四个人同时对着一个孩子使劲，经常由于教育理念和方法上不同而产生分歧，但是有一点他们却出奇地一致，那就是都见缝插针地为小石头朗读。唐诗、宋词、元曲、小说、评论、杂文，小石头从出生到上学的听读量远超过同龄小朋友，刚满周岁就可以说出较完整的简单句子，稍大一些说出话来就颇能对仗押韵。4岁时，父母带她一起出去玩，来到郊外，望着无际的田野，小石头随口说出：“千亩碧绿麦田，万里蔚蓝天空，情不自禁下笔，写下此诗一首”，虽然由于当时尚不会写字而没有真的写下，但自然吟出的句子已有些韵味了。后来在初中、高中直至大学发表的散文和诗，比如：《左岸花香》《丢失的方式》《成长》《哀伤清初纳兰说》等，都以文笔流畅、韵律优美而见长。现在已为人母的小石头深谙朗读之重要性，每天坚持为小小石头朗读。

第三，朗读可以帮助孩子集中注意力。现在不少家长为孩子学习时不能很好地集中注意力而发愁，那就试试从培养孩子大声朗读入手吧。因为只有朗读时注意力高度集中，才能将看、听、说三者协调配合起来，这一点与单纯的阅读和默读都不一样。比如“看”，注意力不集中的孩子往往视线游移不定，很难做到长时间注视一件东西，就算是注视了也可能是空视，即视线落到之处思维早已逃离，而朗读的看听说三者的协调就可以制约这种思维的逃离，所以，一些专门的注意力训练机构，会把朗读作为一门重要的训练课程。

第四，朗读可以促进记忆力。通过朗读达到背诵从而促进记忆是最传统的记忆方式。实际上，朗读是人类最基本最古老的也是最有效的教学方法，现行的语文新课标中对朗读与背诵也有明确的要求，但是这一很有生命力的教学方法，往往被现代人所忽视，甚至被一些人冠以“死记硬背”的罪名而被否定。我们经常羡慕和钦佩老一代国学大师，他们出口成章、引经据典，说出话来用词优雅、态度温和、从容不迫，能把难懂晦涩的文言文念得像歌一样好听，殊不知，他们都有朗读和背诵的童子功。正如国学大师南怀瑾所说：“人类原始的教育方法，只有一个，就是背诵。尤其是中国书。什么道理呢？这个含义很多，朗诵多了，自然懂得语言与文字的音韵学。不管中文、外文，高声朗诵，慢慢悟进去，等长大了，音韵学懂了以后，将来的学问就广博了，假使学习外文，不管英文、法文、德文，统统会悟到音韵的拼法，一学就会。”正所谓“读书百遍，其义自见”。

还有，朗读有利于身心健康。有研究表明，朗读时70%以上的神经细胞参与大脑活动，同时朗读时要倾注情感和激情，使脑神经处于一种极其兴奋的状态，犹如做健身体操。朗读还可以增进亲子关系，父母与孩子一起分享朗读的乐趣；一起进入故事情节，是情感和思想交流的最好方式。关于“阅读与健康”我以下还要专门做一个专题去论述，这里不再赘述。

最后还要强调不要把朗读功利化。这在不同的专题里都表达了去功利化的理念，但还是要不厌其烦地说。因为如果把朗读作为检查和考核孩子识字的手段，把朗读数字化、考核化，那么孩子在朗读时就会背负着沉重的精神负担，也就根本无法享受到朗读的乐趣，这样的朗读就失去其大部分的意义了。

最重要的是朗读有利于形成良好的阅读习惯，而“阅读是消灭无知、贫穷与绝望的终极武器，我们要在它们毁灭我们之前歼灭它们”。年轻的家长们，如果你想“不让孩子输在起跑线上”，那么朗读是最不受条件限制、花钱最少而又极其有效的方式。让孩子大声朗读吧，每天只需15分钟。

转学转班要三思，归属感比优越感更重要

由于工作原因，在儿子刚上高中时我被调到省城，根据规定，我儿子是可以转到省城的高中就读的。孩子能上省城的重点中学是很多家长梦寐以求的，而且省城有些中学的推荐、保送上大学的名额和途径也比其他地方的学校要多，高考升学率也在全省名列前茅。在许多家长看来，只要上了省城的重点中学就等于一只脚踏在了大学的门里。我对自己工作地点的转换也并不十分在意，倒是为儿子在就读高中的关键时刻能转到省城这一工作调

动的“副产品”而兴奋不已。于是我在工作稳定之后就着手联系儿子转学的相关事宜。当然，我不会忘记先征求儿子的意见。我以为他会欣喜若狂，谁知恰恰相反，儿子斩钉截铁地拒绝了我的安排。“为什么？”我诧异地问。儿子说：“这里有我的朋友、同学和老师。”“可是，你转到新的学校会有新的朋友、同学和老师的啊，而且那所学校会有更好的老师。”“不，我现在的老师就是最好的老师！”我无话可说。没想到大半年的高中学习生活，就使儿子对现在的学校的人和物都产生了那么强的认同感、信任感和归属感。我知道，归属感、认同感和信赖感比优越感更加重要，因为这些会促使他更有安全感，他和他的老师、同学们都是这里的原住民，是这里的主人，他们组成了稳固而和谐的大家庭，他可以在这里心无旁骛地用功学习。最后我没有固执己见，同意了儿子的意见，我每周往返于两个城市之间，兼顾着工作和家庭，直至儿子顺利地考上他理想的大学。

这件事对我很有触动，从而使我对一些家长出于为孩子营造更加优越的教育和学习环境考虑，不顾实际情况，利用一切关系频繁地给孩子转学、转班、转专业的现象进行了思考。在一个人的成长过程中环境的影响很重要，正所谓环境育人；老师更重要，正所谓名师出高徒，但是，这一切都不可孤立去看，一定要与我们关心的主体相契合。如果家长只是自己一厢情愿，不从孩子的愿望出发，是否会在这些复杂的转换过程中把孩子的自信感、归属感、认同感等都转没有了，使得孩子觉得孤立和不安全，像没有根的风筝一样漂浮不定，从而更加不安心学习了呢？我想这些可能性是存在的。最近热播的电视连续剧《虎妈猫爸》中有这样的情节，家长们根据自己的好恶判断，认为孩子的班主任太年轻，教学经验不足，会影响到孩子的学习成绩，于是就集体到学校去吵闹，要求把孩子的年轻班主任小朱老师换掉，否则就要转班，殊不知这位小朱老师正是因其年轻才博得了班里孩子们的喜爱，家长这一折腾反而影响了孩子的情绪，影响了孩子的学习。这一情节与现实生活的吻合度非常高。

曾经由于工作的关系，我接触到一些希望给孩子转学的家长，其中有一位我记忆颇深。这位父亲是一位国企管理人员，他希望把在省外读大学本科的女儿转到省内的一所同批次本科就读，当时女儿已经步入大二。我认真看了他的申请书又听了他的陈述，完全不符合转学条件。于是我开门见山地对他说不符合条件，不可以转。结果发现以这种直截了当的方式完全没法与他沟通，在他看来好像什么原则都可以突破，而且他已经钻入了牛角尖，反复强调女儿从小体弱多病，从未离家这么远，他工作太忙没有能认真辅导孩子功课，所以考的学校并不理想，如果不转他将对女儿有一生的负疚感，等等。爱女心切可以理解，但是仔细听来所有的思考角度都是从他自身出发的，完全没有关照到女儿的意愿。为了说服他，只好换了个角度问："对于转学，你女儿是什么态度？"谁知他说："她懂什么。"我吃惊地说："都大学生了，怎么会没有自己的独立思考呢？看来你对女儿的教育有问题，如果她是这样无意识无主见的话，转到哪儿也无济于事。"没想到这一激将法起了作用，他急忙辩驳说："女儿的综合能力还是不错的，她在学校还当了学生会的什么干部，还是一个诗社的副社长呢。"于是我因势利导："孩子已经上大学两年了，又是班干部和社团的负责人，已经或者即将建立起一个稳固的朋友圈，你知道人的一生会有很多个朋友圈，但大学同学间的友谊最为牢固，大学的经历也是最青春、最丰富、最值得回忆的，而你现在要把它拆解得支离破碎，让你的女儿既没有母校又远离了已有深厚感情的同学，使她失去了原有的根。即使她现在不懂，以后也会怪罪你的。"他沉默了，沉思片刻后说："嗯，有道理，我没想到这些。"

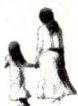

随后他打电话告诉我:“不转了,如你所料女儿强烈反对。”

孩子学习积极性和主动性是受多个因素影响的综合效应,老师、同学、环境等各个方面都很重要,但孩子与这些方面的契合度则更加重要。从社会属性上看,人都有归属于某一个社会群体而存在的需求。孩子也一样,希望归属于一个群体,成为群体中的一员,在群体中有稳定的地位,得到群体成员的认可和尊重。群体成员相互关心和信赖可以使人对自己充满信心、对群体和社会充满热情,从而体验到自己的成就和价值。如果孩子能很好地融入他的班集体并为此而骄傲,为他的老师、同学而自豪,愉快地成为共同奋斗的一员,这一主人翁的归属感可以使孩子体悟出学习的意义和自身的价值,这样的综合效应可以大大提高孩子学习的自觉性和主动性。反之亦然。

著名的马斯洛需求层次理论把人的需求分成五大层次,即生理需求、安全需求、归属和爱的需求、尊重需求、自我实现的需求。基本生存所需要的生理和安全得到满足以后的第一需求就是“归属”。和谐的班集体可以满足孩子的这一重要需求,转学、转班、转专业要三

思。不要以单一效应取代综合效应，以优越感取代归属感，以忐忑感取代安全感。

“朋辈”教育的作用比你想象的大得多

我的朋友朱园是一位单亲妈妈，带着一个6岁的男孩方方。由于工作繁忙她把方方交给了自己的父母，她是家里的独生女，所以方方的姥爷姥姥退休以后也非常想带这个外孙。老人把外孙视为掌上明珠，悉心照料，耐心教育，而且由于害怕隔代娇惯，这两位老人格外小心，严加管教。但是小学上了大概半年以后，孩子的性格越发孤僻，作业的错误率也在增加，朱园很着急，就去找方方的班主任了解情况，班主任的回答是：“你儿子的问题在于没有朋友，”老师接着对朱园说，“我虽然没有见过你，但你每次回来我都知道。因为只要你回来，方方都会表现出平常看不到的活泼和高兴，当他又重新回到沉默寡言时，我就知道妈妈又走了。”朱园问：“他在学校与同学的关系好吗？”“方方没有朋友，”老师又重复了一遍，“我观察过，他很少与同学一起玩耍，我问过他为什么，他说姥爷不允许，我这几天正打算找他姥爷谈谈呢，正好你就来了。”朱园认为老师找到了问题的症结。平心而论，姥爷姥姥的确非常认真地对待方方的教育，他们不是不允许方方交朋友，而是秉持着“近朱者赤近墨者黑”的理念，对他交的朋友要进行严格的筛选。调皮的不行，害怕孙子跟他们学坏了；强壮的不行，害怕打架时孙子吃亏；学习不好的不行，害怕把方方也带得不爱学习了；家境不符合条件的孩子也不行，因为怕他们的生活习惯不太好影响了孩子习性，等等。

有一天方方带着一位同学来家里一起做作业，请求姥爷留同学在家里吃饭，因为他的爸妈出去进货要晚一些才能回来，姥爷姥姥欣然答应并热情地多加了两个菜。方方非常高兴，可是把同学送走以后，姥爷就和颜悦色地与方方谈了：“方方，咱以后少和他在一起玩好吧？”方方不解地问：“为什么？”姥爷说：“这孩子家教不行，你看他吃饭时的吃相非常不好，而且你们玩游戏的时候我还听到他说脏话了。”方方沉默，再也没有带他这位同学到家里来过。这样一来，周围可以交朋友的孩子就寥寥无几了，幼儿园的朋友又不在这个城市，两位老人与方方的年龄相差了半个多世纪，除了学习以外他们基本上没有共同的话题。久而久之，孩子就变得沉默寡言、孤僻自闭。还好家庭和学校及时发现了问题，及时改变教育方式，使方方又重新找回了快乐童年。

朋友不仅是成人社会的必需，更是儿童成长发展中不可或缺的因素。儿童问题研究专家孙云晓说：“孩子没有朋友，比学习成绩不及格还要严重！”孩子在同龄朋友中所能够获得的归属、尊重、互助、地位等社会价值和心理满足感都是父母家人所不能给予的。而这些朋辈相互作用的效应对于孩子健康成长所起到的作用比很多家长想象中的作用要大得多。缺乏与同龄同伴交流，或者不能融合于同伴群体的孩子，会导致其心理和性格上的种种不足，比如：自卑、敏感、过于内向、嫉妒等，有的甚至会产生消极悲观的情绪，导致极端事件的发生。

2015年，相关部门在针对某省大学生的一个调研报告中，有这样一个选项，“在学校教育中，下列哪项对你的思想言行和成长影响最大”，有十个选项供选择，其中包括“辅导员”“班主任”“专业课老师”“同学、室友等同辈群体”“校园环境与文化”“校园网络”等，调查结果是“同学、室友等同辈群体”的选择率最高并高于辅导员和任课教师。也就是说，大学生的思想言行以及价值观的形成，在很大程度上来源于同学、朋友等这些同辈的教育和影响。我们把这种具有相似背景，相仿年龄，具有共同语言的人在一起分享信息、观念或行为技能，以实现教育目标的教育方法称为“朋辈教育”。

国内外学者对于儿童阶段此方面的调查研究颇多，这里不一一列举。研究结果表明，某个年龄段的儿童对于朋友的意见重视程度远远超过对父母的意见，我们暂且称之为“朋辈效应”。有这样一个实验很有代表性。说香港某机构在实施儿童口腔保健项目中使用“朋辈效应”进行，效果非凡。低龄儿童在口腔临床中是非常让医生头疼的群体，孩子的依赖性很强，一般都要家长在医生和患儿之间充当“翻译”和“调解员”，只有这样才能勉强进行，如果家长的态度没有把握好的话，诊疗就根本不能进行。基于这种现状，该机构改变方式，在征得家长同意的基础上，把幼儿园一个班的孩子一起接到诊室，每两个孩子一组接受治疗。由理解能力较强的孩子先行接受治疗并给另一个孩子示范，这样两个孩子都顺利完成诊治，进而一个班的幼儿都能够顺利完成。这是一个很好的“朋辈效应”的案例。

有的家长会说，我们就是因为懂得“朋辈效应”，意识到朋友的重要性，才对孩子的交友范围千挑万选的，就像以上案例中方方的姥爷一样，选来选去也就没几个朋友了。现代社会，人们的需求是多种多样的，生活是丰富多彩的，所以对朋友的需求也是多种类型的。我认为，不要教育孩子从小就对身边的小伙伴进行分门别类地对待，因为这样会使得他在低于自己的孩子面前有天生优越感的同时，还会在高于自己的孩子面前有天生的自卑感。所以要在平等的前提下，鼓励和帮助孩子主动去与各种各样不同性格和不同家庭背景、不同民族，甚至是不同肤色和国家的孩子去交朋友。因为，不同的孩子有不同的生活经历，有不同的长处和不同的能力，孩子从他们身上可以学到书本上学不到的社会知识和经验。强弱互补，相互学习，共同提高。孩子会在比他“强”的朋友那里，慢慢强起来，为的是得到朋友的认可和尊重；也会在比他“弱”的朋友那里，更加规范自己，使自己变得更强，更加有责任感，为的是给朋友做出榜样，赢得自己在朋友圈的地位。在保证安全的情况下，要放手让他们自己玩，产生矛盾后让他们自己处理解决，家长适时引导，明辨是非。通过交往能使孩子学会尊重和喜欢别人，同时也能通过别人的行为来检讨或坚定或修正自己的行为。孩子广交朋友还有一个重要的作用，就是从小不断地寻找和确定他在组织群体中的作用和地位，练习与不同的人群打交道，锻炼维持良好关系的能力，这些都是以后孩子进入社会所必需的。至于万一择友不慎遇到品行不好的朋友，自己的孩子受到不良影响怎么办，我想不能因噎废食，唯一的办法就是强大自己的孩子，让孩子在实际交往中学会判断，学会选择，学会坚定。

与其给孩子打造一个“无菌”世界，不如提高孩子的“抵抗力”和“免疫力”，让孩子在一个真实的社会中健康成长。要鼓励孩子广交朋友，取人之长补己之短，平等待人、平等待己。“不戚戚于贫贱，不汲汲于富贵”。在与朋友交往中培养利他意识，学会包容、理解和分享，学会律己、控制和选择。

尝试着进行无功利教育，“无用之用方为大用”

一次与一位刚上初中的学生家长聊天，问到为什么不让孩子学习一门艺术时，这位家长说：“看看她的成绩再说吧，如果成绩不好再学。”我明知故问：“那是为什么呢？”这位家长不出所料地回答：“为了走艺术生的路径考大学。”每年来山东参加艺考的学生约有十万之众，在这十万“艺考大军”中，能有多少是真正喜欢艺术、真正有艺术天赋、致力于艺术创作的呢。与这位学艺术就是为了考大学的家长一样，现在很多家长都是秉持着“有用论”的教育理念指导孩子的学习和课外生活的，比如，学习钢琴可以走“艺术生”的捷径考上大学，是有用的可以学，而玩泥巴堆沙山是无用的，禁止参与；打篮球可以以“体育生”的方式考大学，是有用的可以练，而捉迷藏是无用的，耽误工夫；补习班是有用的，再贵也要上，看小说写诗歌是无用的，白浪费时间，等等。总之，那些既考不了级又没有证书的项目统统都是没用的。家长们往往不论孩子兴趣如何能力怎样，对于“有用的”项目不惜代价，对“无用的”内容统统禁止。久而久之，孩子的学习观、生活观甚至价值观也会变得很功利。

在大学工作期间，一次召开新生座谈会，一位一年级学生表示对学校的课程安排有意见，说“我是金融学专业的，上大学快两个学期了，就学了几门专业基础课，其他时间都被一些没用的课程占用了。”我问：“你所谓的没用的课程都是哪些呢？能否列举几门。”学生说：“比如，高等数学、中国近现代史纲要、大学语文、思想道德修养等，这些都与我的专业没什么关系吧。”我接着问："那如果把这些课程都去掉，你希望增设哪些课程呢？"学生毫不犹豫地说："多开些股市与股票方面的课程。放假回家时，别人听说我是学金融的就问我买哪只股票能赚钱，可我上大学快一年了，居然一点也不懂，挺丢人的。"其他专业的同学也有频频点头表示赞同的。见此情景，我给学生们讲了大学的功能与任务；大学与职业培训所的区别、通识教育与专业教育的关系、大学四年的课程结构与全面素质的培养之间的关系等。其中引用了庄子的观点："无用之用，方为大用"，来引导学生不要只看眼前不看长远；只见树木不见森林，要注重综合素质的修养与提升。

那么什么是"无用之用"？有用与无用是相对的，与庄子的这句论述有关的典故这里不去详细阐述。我这里说的"有用"指的是服务于"赢利"的有形的技能教育，而"无用"指的是一切无形的不会马上见成效的心灵滋养和智慧提升。"有用之用"可以使孩子成长为从事不同职业的从业者，而"无用之用"可以培养出使自己的生活有意义的人。前段时间有网友对目前的教育忧心忡忡，发帖总结教育现状说：今天中国的大学，有太多的浮躁，却缺乏激情；有过剩的欲望，却缺乏理想；有太多的技术，却缺乏文化；有太多的学生，却缺乏读书人；有太多的地盘，却缺乏精神家园；有太多的自私，却缺乏公德；有太多的物质，却缺乏精神。文章还批评当前的学校教育无异于职业培训，说得再清楚些，就是为资本打工的教育。放弃了批判思维、道德觉悟、想象力、尊重关怀和同情心，教育就更无从谈起。也有教育界的名家著文论述现在教育的发展是“失去灵魂的卓越”，呼吁学校要防止把孩子培养成为“失去灵魂的卓越者”。尽管以上对学校教育的批评有些绝对，但是批评中所述的现象却是普遍存在的。学校要警惕，要纠正，但教育并不仅仅见于学校，以上现象也应在家庭教育中得到注意和有效纠正，既应在儿童早期教育阶段，也应在青少年教育阶段。而且，早期教育感悟和体验对于境界、眼界、格调等素质以及物质观、利益观、价值观的形成，是根深蒂固的，是决定孩子一生的。

以上阐述并不是让大家放弃“有用”的技能教育，也不是想离开现实规劝大家不重视功利，不重视物质，不重视利益，毕竟，“有用”和“致用”推动了人类社会的不断发展和进步，学以致用也是孩子将来在社会上的立身立命之本，但是“无用”可以修身，是实现人的全面发展的需要，也是孩子将来在生活中快乐幸福之源。所以，这里想强调的是不能只重视到学以致用这一面，不要急功近利，我们可以找到“磨刀不误砍柴工”的办法。就像现在一句流行的话说的那样，“生活不止有眼前的苟且，还有诗和远方”。

但是知易行难，践行“无功利”教育理念是不容易的，特别是在我国。这也正是教育部门推行了多年的“素质教育”，终究战胜不了高考指挥棒的社会原因。中国的传统教育自古以来就是功利性的或工具性的、亦或是把功利性放在第一位的教育，什么“书中自有黄金屋”“书中自有颜如玉”“吃得苦中苦方为人上人”等。读书都是与具体的功利目的联系在一起的，几乎所有的家长都是望子成龙、望女成凤的，这是中国教育的一大特点。实际上这不仅是中国传统教育的一大特点，可以说是中国传统文化的一大特点。就说老百姓的宗教信仰吧，也是功利性特别强、目的性实用性特别强的。想要生孩子就去拜观音菩萨，想要升学就去拜文殊菩萨，要发财时拜财神，想收成时拜土地老爷，从释迦牟尼到玉皇大帝，还有灶王爷、财神爷等等诸位大神，用着谁就拜谁。我们老百姓的宗教信仰在多数情况下并不是为了精神寄托，也不是寻求一种归宿，就是为了实用。这一社会基础和文化传统从一定程度上造成了我们传统教育的功利性。这是中国传统

社会结构和阶层流动体制使然，也与社会经济发展阶段有关。而目前我们的社会发展到了全球一体化的当代，物质基础也相应地丰厚了，我们的孩子要解决的不只是“温饱问题”“进城问题”，他们不只是要活着而是要生活，而且要幸福快乐地生活，他们将成为世界公民，“纵横环宇任我行”。所以家长们要对传统有扬弃的继承，要融入开放社会的现代教育理念，提升孩子的生活品位，丰富孩子的综合素质，为孩子进入全球发展一体化、成为世界公民提供精神准备。

不可否认，精神和物质是分不开的，有用与无用也是相对的、可以互相转变的。孩子首先要有为自己的生活获得物质基础的能力，但不能唯物质而求；可以追求功利，但不能唯功利而追。学以致用与学以修为是可以并行不悖、相辅相成的。

对孩子不要一味地讲求“民主”，适当的“专制”也是必要的

现代教育理论有一种倾向，就是强调孩子的意愿、孩子的选择，一切要与孩子民主协商，不可强迫，要让孩子“快乐学习”。这些理念无疑是有道理的，实际上远不止现代教育理论才这样认为，中国古代教育家孔子就有“寓教于乐”的阐述，“知之者不如好之者，好之者不如乐之者”说的就是这个道理。但是万事都要有个“度”，把握好“学习”与“快乐”的度其实并不容易。“快乐学习”的重心是学习，如果只有快乐而没有学习，或者为了快乐而学习的目标不能完全实现，这大概也就违背了“快乐学习”理论的初衷。随之而来的还有“民主决策”的问题，如果把“学与不学”“如何学”“学什么”等问题都拿出来与一个还没有决策能力的幼儿一起民主决策的话，家长的很多正确想法可能都会在这所谓的民主过程中夭折，最后，学习的目标没有达成，孩子的确是快乐了，但是那仅仅是停留在原始快乐阶段的快乐。

关于“快乐学习”，我一直觉得有一个逻辑关系需要厘清。

快乐是分层次的，有以满足本能需求的快乐，这是较低层次的快乐，称为原始快乐；有理解生活的意义、懂得人生的尊严的快乐，这是较高层次的快乐，暂且称之为精神快乐。学习的快乐是有品质、有精神享受的快乐，属精神快乐范畴。尚未有学习经历的快乐只是原始快乐，而任何原始快乐都不可能支撑一项学习的全过程，因为学习的过程有时是枯燥的、有时是艰难的、有时甚至是痛苦的。所以如果家长一味地以孩子的原始快乐为导向，并以此为衡量孩子是否快乐的标准，那么孩子什么也学不成。所以家长的任务是要从原始快乐中发现孩子的兴趣点，引导孩子理解、懂得和进入更高层次的快乐。要让孩子知道跃上更高层次的快乐有时是要以牺牲一部分原始快乐为代价的。如果不清楚这一点，只一味地满足孩子的原始快乐，势必会使孩子丧失一些学习机会和时间，同时也限制和扼杀了孩子享受更高层次快乐的机会和能力。

我很赞成著名作家龙应台在《亲爱的安德烈》中对儿子安德烈说的一段话："对我最重要的，安德烈，不是你有否成就，而是你是否快乐。而在现在的生活架构里，什么样的工作比较可能给你快乐？第一，它给你意义；第二，它给你时间。""当你的工作在你心目中有意义，你就有成就感。当你的工作给你时间，不剥夺你的生活，你就有尊严。成就感和尊严给你快乐。”“我怕你变成画长颈鹿的提摩，不是因为他没钱没名，而是因为他找不到意义。我也要求你读书用功，不是因为我要你跟别人比成就，而是因为，我希望你将来会拥有选择的权利，选择有意义、有时间的工作，而不是被迫谋生。”上述提到的提摩，龙应台在文中也有交代：“你还记得提摩吧？他从小爱画画，在气氛自由、不讲竞争和排名的德国教育体系里，他一会儿学做外语翻译，一会儿学做锁匠，一会儿学做木工。毕业后找不到工作，一年过去了，两年过去了，三年又过去了，现在应该是多少年了？我也记不得了，但是，当年他失业时只有十八岁，今年他四十一岁了，仍旧失业，所以和母亲住在一起。没事的时候，坐在临街的窗口，提摩画长颈鹿。”“因为没有工作，所以也没有结婚，所以也没有小孩。提摩自己还过着小孩的生活，可是，他的母亲已经快八十岁了。”这个提摩就是以原始快乐为驱动的，不论学习什么，不快乐就转向，结果一事无成。八十岁的母亲看似很值得同情，但实际上这正是她的失职所造成的，既害了孩子，又害了自己。

我认为家庭对孩子的教育应该和学校对学生的培养类似，要有规划有计划。设定的学习项目有“必修”“必选”和“选修”。必修就是不容选择的，不需要民主协商，比如，读书。必选是可以在规定的选项中选择，但是必须有所选择，即有条件的民主，比如，如果家长根据孩子的自身条件和家庭条件综合判断后认为，应该让孩子学习一门艺术，以此为载体培养孩子的艺术欣赏能力，丰富孩子的精神世界，具体学习哪一种艺术，舞蹈、乐器还是绘画，可以依孩子的兴趣为基础做选择，但是必须选择一种，这就是必选。最后就是选修了，即完全民主，只要有利于健康，家庭条件允许，孩子可以按其阶段性需求和兴趣随便选择，比如，爬山、旅游、聚会、游戏、看电影等。

为什么必修和必选部分不能实行完全的民主、需要家长带有专制性质的决策呢？如前节所述，儿童的发展有阶段性特点，记忆力、接受能力与其理解能力的发展也不同步。而有些事情和技能，特别是需要“童子功”的技能，比如，背诵、演奏、舞蹈等，待孩子的理解能力健全了以后再自行决策的话，其对这项技能接受的最好年龄段已经过去了。而时间是不可逆的，错过了时机，将一事无成，孩子懂事以后自己也会惋惜。基于这种情况只能家长负起责任，替孩子做出抉择。

对于这一点，我本人就有过深刻的教训。我们这一代人的童年是在十年动乱的“文革”中度过的，从记事起就没有“学习压力”这个概念，也没有“作业负担”这一说法，每天轻轻松松、快快乐乐，有大把大把的时间可以用来选修一项爱好或技能，比如练习书法。当时家里有学习书法的绝好条件，父亲有扎实的书法功底，写得一手好字，但是我却没有学习。据我父亲说，他曾建议我练习书法，由他本人亲自来教，可我当时嫌太枯燥无味，不愿意学。父亲是解放初期的师范专科毕业生，属当时的“新派”家长，于是从讲求民主的理念出发，与我商量无果后也就没再勉强。成人之后，练就“童子功”的年龄已过，我才理解写得一手好字的重要性，但由于学习、工作、家庭等各方面有很多比练字更紧迫的事情要做，就再也没有时间心无旁骛地练字了。当我写着一手难看的字与父亲讨论此事时，我直接指出他当时对我的迁就是不应该的，他也很后悔。父亲已过世多年，在我怀念他时，每每想到此事，还常感遗憾。有了这个教训，我就在我儿子适当的年龄时不由分说地要求他选择一项艺术学习，并以此为载体丰富他的精神世界，提升其艺术鉴赏能力。通过比较，最终他选择了键盘乐器。学习过程很辛苦，但他坚持了下来。现在每当看到他工作之余能从音乐当中得到放松、得到享受、得到精神的感悟和提升时，我都会由衷地庆幸自己当初的“武断”抉择。

所以，家长该做判断的时候不要把责任推给孩子，我一直认为，家长把这种决策的责任推给没有决策能力的孩子就是不负责任。也不要简单地以“快乐学习”为借口去掩饰自己的失责，家长有责任让孩子获得享受更高层次快乐的能力。

> 让孩子在最合适的时间做最合适的事，在孩子没有行为责任能力的年龄阶段为孩子做出最佳的判断和决策并监督其实施，是作为家长和监护人的责任，如果以所谓的“民主”为借口把责任全盘推给没有决策能力、没有行为责任能力的孩子，就是家长不负责任。简单地以“快乐”为导向，不去提升孩子的情趣和鉴赏水平，就是剥夺孩子享受更高层次快乐的权利。

没有惩罚的教育是不完整的教育

前几年“好孩子是夸出来的”这句话风靡一时，随之而来的“赏识教育”“快乐教育”等新的教育理念深入人心。我很赞同，而且也是这些教育理念的积极践行者。这些理念的形成与应用较之于“棍棒底下出孝子”“不打不骂不成器”等中国民间传统教育理念来说，是一种很大的进步，甚至可以说是觉醒。但是与任何一个历史转折阶段一样，社会转型期的改革往往会出现矫枉过正、过犹不及的现象，再加上中国进入了独特的“独生子女”时代，所以社会上一度出现家长和老师不敢也不会惩罚、批评孩子的现象，夸奖无度，表扬无方，造成部分孩子唯我独尊、骄傲自大、感情脆弱、抗挫折能力差，由此而引起的极端事件也越来越多，比如，“一个14岁的学生往老师身上洒钢笔水，被老师批评了几句，当即跳楼自杀”“一女生因嫉妒同宿舍的同学身材比自己好，在其方便面里下毒”“一男孩由于奶奶不让其玩游戏机，将奶奶砍伤”等，不一而足。部分老师一是没有真正理解“赏识教育”的真谛，二是扛不住媒体的渲染和炒作，不再敢直面学生的缺点和错误，不敢对学生进行大胆批评，而只是一味无原则地夸奖和表扬，只有肯定没有否定，只有鼓励没有惩戒，致使一些学生是非不分、皂白不明，影响正确价值观的形成。我就经历过这样的课堂，几年前某中学的教学改革正进行得如火如荼，我应邀去听了一堂课。这所中学的改革理念是：“以生为本，快乐学习”“鼓励质疑，个性发展”。理念一点错都没有，老师执行的也很认真。为了避免对号入座，所听科目在此隐去。课堂上，学生们三五一组、俩俩一对随意入座，墙壁几面都有黑板，学生可以随意上去书写演算，教师不是中心，学生才是主体。学生们对课本上的问题进行了热烈的讨论，七嘴八舌，积极踊跃，有争论，有辩论，有赞同有反对，完全颠覆了中国学校的传统课堂模式，课堂气氛甚是活跃，学生的个性的确被极大地调动和发展了。自由热烈地讨论了大半堂课过后，老师请每组选一个代表发言表明观点，老师对每一位发言的学生都给予充分的肯定和鼓励，每位发言过后同学们都报以热烈的掌声，孩子们很快乐。学生的发言五花八门，有的靠谱；有的离谱；还有的有明显错误和不健康价值观的苗头，可是我期待的老师的引导性点评始终没有出现。下课铃响了，这堂课在一片欢乐声中结束了。可是，一堂课下来，感觉是欢乐有余，严肃不足；鼓励有余，引导不足；老师无观点、无倾向，学生最终得到了一通廉价的表扬以后，并没有学到什么东西，甚至并不明确热烈讨论了一堂课的问题的真正答案到底是什么。下课后，我与老师交谈，肯定了本堂课的优点以后指出了我认为的不足，任课教师辩解说有些问题本来就没有标准答案，我们不能用标准答案禁锢学生的思维。我说对的，理念完全正确，但是人生有理想；社会有规范；道德有标准；法律有红线。解答没有标准答案的问题时恰恰是老师对学生进行“人生观、价值观、世界观”引导教育、及时遏制住不良价值取向的最好时机。作为老师没有抓住机会肯定正确的、否定错误的，而是避重就轻，一味肯定和表扬学生的思维活跃，这么好的教育机会被老师假以“鼓励”之名给白白丧失了。我给这堂课的打分很低，甚至认为如果不是个案的话这种所谓的改革就是误人子弟。

家庭教育也一样。家长对孩子的思想和行为要及时正确地使用鼓励或批评，该表扬则表扬；该批评则批评；该惩戒则惩戒，才能让孩子明白是非、辨清黑白、担当责任。这才是真正好的教育，所以我赞成这样一句话：“没有惩罚的教育是不完整的教育”。

惩罚包括适当体罚，体罚作为教育惩戒的一种方式，适当使用我认为是可以的，而且是有效的。一是可以刺激孩子，让其记忆深刻，更重要的是体现出一种威慑的力量，让他的错误在这种威慑下不敢再犯。二是让孩子明白犯错误是有代价的，每个人都要为自己的错误负责。但是惩罚一定要与教育相配合才能得到理想的效果。使用适当的话，孩子是会理解的。儿子小的时候我也使用过体罚这一招。大概在儿子上小学二年级的时候，一次不知为了什么事他撒了谎，我明白真相后非常生气，就狠狠打了他一顿。打完以后，我没有忘记适时实施教育。过了好一会，待大家情绪都稍稍稳定了以后，我把儿子拉到身边一边揉揉他被打的小屁股，一边说："儿子，你知道妈妈为什么打你吗？"儿子认真地回答："知道。我不应该撒谎，我错了。"他居然能一五一十地把"诚信""信任"等这些词都串起来使用，侃侃而谈了一番。我又问："我打了你，你生妈妈的气吗？"他肯定地说："不生气。"我说："又撒谎，挨打了还不生气啊。"他居然很神奇地回答："真的不生气。你看啊，比如墙上有一个蚊子，你去拍死它，看是打了墙一巴掌，实际上打的是蚊子。所以，妈妈打我屁股实际上打的是我身上的错误，打的不是我，所以我不生气"。听了这番话以后，我愣了半天，惊讶地问："是老师教你的？"他说："不是，是我自己想的。"再问，他仍然坚持说是自己悟的。二十年以后，当我们把此往事当笑谈时，他仍然坚持说是自己悟的。当时听了他的感悟以后，我顿时有一种愧疚感，他有这样的理解力和感悟能力还用得着打吗，从此以后我就再也没有体罚过他。

但是必须注意，惩罚是把双刃剑，是一种高难度的教育技巧。实施这种教育方式有几个关键点必须掌握。首先要以孩子为中心，家长要理性地判断自己是在实施教育而不是在"撒气"。如果家长是以自己为中心，以撒气为目的，把孩子当成了撒气的工具，那这一惩罚过程就会失去理智，不但达不到教育孩子的目的，甚至会使孩子受到过度的伤害。家长"越打越气"，从而"下手太狠"，致使孩子伤残，这样的事件并不罕见。第二，适度体罚是可以的，但绝不能过度体罚，不是伤害更不是虐待，这些要分清。惩戒不可以采取不顾孩子尊严、甚至侮辱孩子的方式。有些家长动辄就往孩子的脸上打，一定要杜绝。第三，当孩子犯错时，家长不要过度地承担责任，要让孩子学会为自己的过失负责，而且要用特殊的方式加强记忆，这些方式中就包括惩罚，但是一定要区别错误或过失以及产生结果的类型，比如，孩子上学忘带书了，奶奶不用承担说：“对不起，是我忘记给你装了。”就让孩子自己承担。再比如孩子不小心摔倒了，爷爷用不着大骂路不平。但是如果孩子的错误导致了较严重的后果，甚至对孩子来说就是“灾难”，孩子处于极度恐惧和痛苦中，此时，一定不要以让孩子担当责任为第一要务，而是要立即担当孩子的坚强后盾，让孩子第一时间消除恐惧，感受到家庭的温暖和强大。错误和责任待事情平息以后再慢慢厘清，这也是如何掌握教育时机的技巧。第四，孩子在成长过程中不可能不犯错误，家长要允许孩子犯错，而且要把孩子犯错、认错、纠错的过程作为实施教育的最好时机，这就是所谓的“机会教育”。正确地使用惩戒，把其作为机会教育的一种方式方法，有时会比一味的表扬效果更佳。

诚然，“赏识教育”“鼓励教育”可以帮助孩子树立自信心，激发孩子的学习热情，但是鼓励和赏识绝不是教育的全部，已有研究表明，“过度奖励是削弱孩子意志力的糖衣炮弹”“不适当的表扬将吞噬孩子的自信”。所以，正像前苏联教育家马卡连柯所说：“合理的惩戒不仅是合理的而且是必要的”，在给予“胡萝卜”的同时，适当配合“大棒”，才能达到教育的最佳效果。

要给孩子留有自我决策的空间，“我的前途，我做主”

在我们这一代家长中，我教育孩子的方式算是比较民主的，也比较注意“放权”以培养孩子的自主判断和决策能力。但实事求是地说我放的都是一些“小权”，比如，这个周末怎么安排时间？练琴很辛苦，是继续还是中断？小伙伴们请了家教，你要不要请？但是对于一些我认为有关他成长的特别是不可逆的大事，我是从来不敢交给他自己决策的，比如，坚持不懈学习一样乐器；大学填报志愿；各大暑期的时间安排，等等。我认为某些家长以放手为借口把抉择的责任推给没有决策能力的孩子就是不负责任，这个观点我前面也说过。但是家长每次帮着孩子决策的同时都应该注重进一步培养孩子的判断力和自主决策能力，为了最终把决策权交给孩子。问题的关键是如何把握好“交权”的时间点。有些家庭是以大事件为时间点的，比如说从孩子上大学起，家长就把选什么专业、是否读研、假期是否参加志愿者活动等等都交给孩子自己决策；有的家庭是以年龄为转折点的，比如说，孩子18岁时过一个成人礼，从此孩子自己的事情自己决策；有的家庭始终包办代替直至孩子结婚生子……

我也有这方面的教训，没有掌握好“交权”的时间点。这要从为儿子制订教育计划说起。与大多数家长一样，我们对孩子的教育和未来有一个大概的规划，这些规划尽管也与儿子商量，但还是以我们的意见为主。规划中有“出国读书”这一项。也与很多家庭一样，在经济条件好些了以后，会考虑是否让孩子出国读书的问题，这些年来我就不断地被咨询到“是否要让孩子出国读书”“什么年龄出去比较合适”“如何联系学校”等问题。以我的经验和认知来看，如果家庭条件允许，最好是让孩子有一段出国学习或生活的经历。那么什么时候出去比较合适呢？我的回答是，这要看你出国的目的是什么？各个家庭根据自家的特点让孩子出国学习的目的是不同的，有的是喜欢国外的教育方式；有的是要逃避国内竞争激烈的高考；有的是想终生在国外生活，不一而足，不同的目的就要设定不同的时间点。

我们的目标很简单，就是让孩子的思想经历一次东西方文化的碰撞，促使他对自己的思维方式、行为方式、生活理念以及对人、对物、对世界有更深入的思考，能够多一些角度看问题，亲身体会世界上很多事情并不是非此即彼、非黑即白的，了解不同国家对同一事件的处理方式是可以完全不同的，知道世界上许多问题是没有标准答案的。总之，是让孩子会从不同的角度看世界，思维不走极端，心态趋向包容，生活更加从容。因为秉持这一目标，所以我并不主张孩子太小的时候出国，因为价值观尚未形成，文化的归属感和认同感尚未稳定，那时出去不但达不到目的，还有可能使孩子因为不同价值观和不同生活方式的冲击而产生价值混乱、身份迷失、不知所措等现象，反而对孩子的心理健康不利。据此判断我认为，研究生阶段出国比较合适。目标已定，我们就开始策划并逐步实施。首先嘱咐儿子不可忽视本科阶段的每一门课程，尽量提高本科阶段的成绩积点；二是利用本科阶段的寒暑假考托福、考GRE、参加社会实践,他都一一照办，而且不论是本科绩点还是托福、GRE的成绩都非常好。万事俱备，只欠申请。我一看他的成绩和各个条件，完全够得上教育部公派出国留学的申请条件，所以在他大四期间就忙乎着帮助和催促他联系国外学校。

正在我劲头十足的时候，突然收到儿子给我的一封很长的电子邮件。全文如下:“妈妈您好！我考虑再三终于决定写这封信。

我不打算出国读研，原因很简单，从硕士到博士毕业少说也要5年，我不想在国外生活这么长时间。我知道我这样决定你们会失望，但是还是请你们让我自己决定自己的事。从小到大每逢人生的重大选择我都是听从你们的决策，事实证明你们的决策也都是对的，我也从中得到了很多学习的满足和成长的快乐。但是现在我即将大学毕业了，我要自己决定自己的未来，即使决定错了，走了弯路，那也是我必须付出的代价，就算是交学费了，我可以从中得到经验和教训，更好地成长。这个社会发展得太快了，目前面对就业创业第一线的是我们这一代，有好多细微之处是你们这些已经功成名就的上一代人所看不到也体会不到的，所以你们的指导和决策并不一定是最恰当的。……你们能传给我的更多的是气质、精神和品格，具体的事就让我自己拿主意吧。”我连续读了好几遍，说实话内心是很失落的，这不是明显嫌弃我们老了、思维和决策能力跟不上形势了吗？但是又不得不承认他说得很有道理。随后，我们反复交流达成共识，从此以后我们对他人生中的重大问题只提建议，采纳与否我们决不强求。这一次他真的没有选择出国读书，而是选择了本校推免研究生。在研究生二年级期间，他自己体会出东西方文化以及观念意识方面有很大差异，想更深入地了解更广阔的不一样的世界，于是就申请了一个校校之间的“交流计划”，到欧洲游学了大半年。硕士毕业以后，正值考公务员热的阶段，我试探着问了问他是否准备考公务员，又问了问是否继续读博士，他说他已经拿到了几家企业的录用意向，正在做选择，我们就没有对他强加我们的任何意见。目前他在自己选择的城市自己选择的岗位上愉快地工作和生活着。

许多家长不辞劳苦执意替孩子决策而直接影响到孩子发展的也比比皆是。我有一位好朋友夫妇俩都是学理工出身，可他们的儿子王晗却偏偏爱上了文科，王晗的爷爷是一位中学历史教师，从小在爷爷的引导下他读了很多历史书籍，立志长大当一位历史学家或考古学家。这个兴趣爱好一直伴随着他的学习和成长，从小学到高中一直学习优秀，尤其是文史类的课程成绩更是出类拔萃。可是到了高中分科时，父母按照自己的兴趣爱好以及他们的理工思维对社会的判断，认为文科的就业岗位远没有理工科多，以不好找工作为由，执意要求儿子报理科班，而王晗自己则坚决要申请文科班，由此导致了一场家庭大战。最终还是胳膊拗不过大腿，以孩子屈从家长而告终。王晗在理科班努力学习了两年半，成绩忽上忽下，极不稳定，到了高三时父母有些后悔了，但也骑虎难下，只好坚持到高考。最终王晗高考失利了。痛定思痛，父母才做了一个明智选择，把决策权交给了孩子。王晗果断转文科复读，第二年高考成功，现已就读研究生。这个例子好在虽走了弯路，但能果断回头，结果还是好的。坚持一路不回头、导致孩子的前途无望甚至性格扭曲的例子，也不在少数。

由此想到“刻舟求剑”这个成语，孩子们早已乘上了另一条船驶向另一个更广阔的海域，家长们还在原地寻觅，能不有所偏差吗。不同的船有不同的速度，不同的河流有不同的险滩和风景，只有身临其境的人才能真正把握好方向，排除万险，乘风破浪。当然还有一点必须注意，家长在与孩子乘一条船时一定要注意适时教给他把握航向的方法和能力。

健康篇

"野蛮其体魄，文明其精神"

没有强壮的身体和健康的心理

一切德智美的培养都等于零

任何理想

抱负都无法实现

不要把孩子照着神童去培养，除非他（她）就是神童

泰山日观峰南有座山峰，三面陡峭，下临深渊，史称“舍身崖”。旧时常有人为了祈求神灵，跳崖献身。据说明万历初年山东巡抚何起鸣在崖侧筑墙阻拦，更名为“爱身崖”，劝诫人们要爱惜生命。后来，泰山成为了著名的旅游景点，国内外游客越来越多，为了保证游客的安全，政府除了筑墙、拉栏杆外还专门增加了警力。但由于其特殊的地势形态，每年还是有人想方设法从此处纵身跃下。

某年初春，泰山值班巡逻民警在舍身崖处救下了一位欲跳崖轻生的年轻女子。警察把她带到极顶派出所，做了一个下午的思想工作，女子始终目光呆滞、面无表情、一言不发。驻顶警察全是男性，马上就要天黑了，如何安抚这位女子，没问出她家人的信息，警察们一筹莫展。这时他们想到了玉皇顶上住着一个大学生社会实践小分队，带队的是一位女教师，或许能派上用场，于是他们找到了我。警察给我的任务是，陪女孩安全过夜，决不能

让她自行逃脱。最好是能让她说话，问明身份、家庭住址、家长信息等。我陪着女孩一夜没睡，开始就我自己说，后来偶尔她开始搭话了，再后来她哭着叙述了原委，天亮之前我完成了任务。

原来，女孩是首都一所重点大学的在校大学生，一年级，父母在邻省的某县城工作。女孩自小不但聪明伶俐，而且被冠以智力超常的盛誉，家长更是对她寄予了所有的希望倾力培养，她学习优异、多才多艺。从小到大在本地可以说是逢赛必到、逢奖必拿，在学校内外获得各种奖项、荣誉不计其数，在小县城颇有名气，她头顶各种光环，宛如一颗耀眼的明星。她自己也渐渐以神童自居，自信无比。半年前以优异的成绩考入全国重点大学。可是她的噩梦也是从此开始的。到了大学，好像一切都不在她的轨道上了，大学里强手如林，精英荟萃，她很快泯然众人，成了班级中的普通一员。没有了夸奖，没有了赞誉，没有了光环，她顿觉人生黯淡无光。她无法接受这样“平庸”的现实，宁愿相信这是一个梦，每天在恍惚中度日，这么一恍惚，期末居然还有一门课考试不及格。这极大伤害了她的自尊心，更使她对自己失去了信心，甚至对自己产生了憎恶。假期将至，她感到无法面对父母的期望，无法回到那个给予她无数光环的故乡，于是她独自来到了泰山顶上，决定抛弃现实，一跃飞回她梦中的辉煌。

一夜的时间，我给她讲普通的生活普通的人生普通的世界，引导她从“神坛”上走下来，以一个普通人的眼光审视自己，发现自己优秀的同时也能发现并承认别人的优秀。我给她讲一个人的能力是有限的，才能也是有限的，所以要很多人的优秀加起来才是一个优秀的世界……总之，天亮之前，我把她从神坛上请了下来，使她对做一个普通人产生了一点兴趣，使她对一个不完美的自己产生了留恋，从而对继续留在这个世界上体验普通人的喜怒哀乐有了意愿，同时她对自己的行为可能对父母造成的伤害产生了愧疚之感。之后，我又陪了她一天，直至她父母赶到泰山顶亲自把她接走。

这件事使我有兴趣持续多年关注社会上所谓“天才儿童”的成长、成才。令人痛心的是类似“神童”或“天才少年”轻生事件不是越来越罕见，而是越来越频发。某市文科状元跳楼自杀；某县高考状元投河自尽；某“天才中学生”高考前从高楼跳下不治身亡；神童某某患有严重的抑郁症……令人扼腕痛惜的案件时有报道，每次复述我都不忍点出孩子的名字，不忍描述那些令人唏嘘的过程。当然，轻生事件的原因很多，但是就这个特殊的群体而言，其中占有相当大的比例有：由于现实学习生活或工作状况达不到心理预期而产生绝望；家长设定的目标过高，因达不到而产生愧疚；家长的要求不断更新加码，使得压力持续不断、没完没了；因生活内容单一，而对前途失去兴趣等等。每当悲剧发生时，家长们都追悔莫及，顿时大彻大悟，但是为时已晚。

家长的任务是教育孩子成长成人，而不是培养孩子成神，或逼迫孩子成神。要给孩子营造一个平平常常、自自然然的生活氛围，这样孩子才能努力在其中、幸福在其中、快乐在其中。

不要把孩子照着神童去培养，除非他（她）就是神童。让孩子从小有一颗平常心、做一个健康的普通人最重要。家长有规划、有设计地教育孩子是正常的，而且是必需的，但心态不可太紧张、太刻意、太技术化、太急功近利，对孩子发展的规划和设计一定不可脱离孩子的能力、兴趣和志向。不要把家庭所有的希望以及自己没有实现的理想都押在孩子身上，那样对孩子太不公平。

非要把孩子关心照顾到丧失本能，那不是罪过吗

现在有很多年轻家长为了孩子的吃饭问题而苦恼不已。经常看到一家老少两代轮换着满屋子甚至满院子追着给孩子喂饭，孩子若能痛快地吃一大口，全家人欣喜若狂。我与家长交流时，有时也会被问到如何解决孩子“厌食”的问题，实际上我比较讨厌这样的问题，心里想：“矫情”，但没法说出来，害怕得不到理解。我一般都会比较客气地说：“办法很简单，饿他三天，看他吃不吃。”这么说，家长们可能会觉得有些极端，但这个问题实际真的很简单，谁听说过上个世纪60年代左右出生的孩子有“厌食”的毛病？这样想来，问题是不是就简单了。当然，这里所说的厌食有别于医学上所说的“厌食症”，得了医学上的“厌食症”要去看医生，不在本书讨论之列。

某周末我和先生一同去看望一位朋友，她可爱的两岁小孙子热情地迎了上来。当医生的先生不讨人喜欢的当头就说：“呦！这孩子有点贫血啊！”好在是好朋友，人家非但没有生气反而很重视医生的初步诊断。朋友说，“可不是嘛，上周刚去医院看过，医

生的诊断就是贫血。唉，愁死了！不爱吃饭呐，尤其不爱吃肉，你们快给出出主意吧”。接着，孩子的妈妈从屋里出来说：“奶奶太疼这孩子了，每顿饭都给他做好几样，馄饨不吃换饺子，面条不吃换米饭，肉不吃换鱼，鱼不吃换鸡蛋。换来换去，奶奶每天的大部分时间都在给他鼓捣吃的，结果他还是什么都不爱吃，越来越瘦。”奶奶委屈地说：“为了让这孩子好好吃饭，我可没少费劲。我害怕我的观念太老了，还特意为他请了专门的幼儿营养师。我每天按照营养师的建议进行营养搭配，结果，不但越吃越瘦，还得了贫血。这可怎么办啊！”

这样的家长很具代表性，他们的共同特点是，有钱有闲有爱有责任感，就是没有一颗平常心。我脑海里突然浮现起她年轻时把自己的儿子养得黑胖黑胖的情景，就问：“你为什么不用当年养儿子的方法养孙子呢？”她没反应过来我的意思，随口就说：“那时候哪有什么方法啊，既不懂科学喂养又不懂早教开发，年轻时啥也不懂，孩子又没人带，工作又忙又雇不起保姆，每天能把他喂饱就不错了。”我说：“可是，你儿子小时候多壮啊！哪像这个小‘豆芽菜’。”她沉思了一会儿，好像有所感悟。我这里不是说什么都不懂就是正确的，而是想说要看重那种带孩子的自然状态。我们要重视对孩子的科学喂养，但是不能刻板地走向机械主义、本本主义和“科学主义”。物极必反，任何一件事重视过了头就会走向反面。孩子是重要的家庭成员，孩子的成长是家庭生活的重要组成部分，但孩子吃饭是孩子成长过程中的一部分，如果把它变成全部或者大部，就会不自然，孩子也承担不起这样的付出之重，因此，付出和收获就会失衡，随之而来的就是家长的心理失衡，再随之而来的就是行为失范了。

在我们的调查中，机械喂养或本本喂养的例子不在少数，比如，有一位知识型妈妈，非常看重科学喂养，孩子出生后在不同阶段她都按照书本为孩子制定了符合阶段特点的喂养方案，列出比较刚性的喂养时间表，几点睡觉、几点喝奶、几点吃维生素A、几点吃维生素C、几点撒尿、几点玩耍，严格执行从不懈怠。孩子回忆说：“记得小时候，有一次我正在聚精会神地玩积木，突然妈妈说该尿尿了，随后不由分说地将我抓起来摁在痰盂上，结果我坐了好长时间也没尿出来。”再比如，妈妈给孩子制定了一日三餐的科学配餐表，该吃鱼时决不让吃肉，该吃白菜时决不让吃萝卜。孩子回忆说：“小时候每次吃饭都是在完成任务。肠胃是变化的，可任务是固定的。听妈妈说，有一次我吃着吃着睡着了，可她硬是把我晃醒把一小碗鸡蛋羹喂了下去，可是我一翻身还是全都吐了出来。”

类似以上的例子还真不少，总结起来，我认为家长应该注意以下几点：第一，孩子是人不是机器，每个孩子从物质到精神都是一个独立的、独特的个体，不是工厂生产出来的标准件，所以不能统一用某种标准化的流程以及某种“公式”“配方”“定理”去喂养。任何所谓科学的配方都是通过某种试验或在某个范围内调查统计总结出来的，是一个统计结果，虽有其一定的普遍性，但也有一定的局限性，不可能适应每一个个体，所以只能作为“参考”。同时，人体是物质与精神的集合体，情绪愉快对于营养的吸收有极大的帮助作用，有些家长为了让孩子吃下自己认为有营养而孩子并不喜欢的东西，不惜打着骂着强迫吃下，真不知道这种精神上的剥夺加上物质上的给予会产生出什么样的综合效果，但可以肯定绝没有愉快地接受效果好。吃饭并不仅仅是为了饱腹，它本身也是一个调节身体和精神、使其满足和愉悦的自然过程，所以要培养孩子快乐的进食习惯。

第二，孩子不是宠物，不是玩偶，不能为了取悦家长而忽视孩子自己的好恶偏向以及主观追求。举个不恰当的例子，“猫怕老鼠谁之过”，当然是人之过。是人的主观强势和利己的喂养，使宠物猫泯灭了天性、忘记了本能，变成了百无一用的玩偶，它的唯一的价值就是取悦主人。喂养孩子虽不能与此类比，但其中也存在相似的道理，饿了要吃困了要睡，这本是孩子的本能，家长偏偏不按这个规律而按照自己的公式去喂养，久而久之，孩子的自然规律就会被打乱，甚至丧失本能。

第三，不要剥夺孩子自己动手的权利和选择的欲望。对于吃饭、穿衣等自我管理事项，要鼓励孩子自己动手完成，早动手早受益。劳动可以促进大脑发育、促进生存能力提高，同时还能激发孩子自我成长的成就感。如果家长过分地关照和帮助就会导致孩子丧失动手的欲望和乐趣，最终失去劳动的能力和兴趣。另外，要给孩子选择的权利，允许其有自己的喜好、自己的偏向、自己的好恶，有点偏食也没关系，只要不过分。孩子偶尔少吃一顿，家长也不必大惊小怪，在没有疾病的情况下，要相信人体自身本能的调节功能。

千万不要把孩子当宠物养。吃饭睡觉本是人的本能，非要把孩子关心照顾得丧失本能，那就走到了爱的反面。带孩子越自然越好，家庭条件一般的，给孩子粗茶淡饭、营养不缺即可。家庭条件较好的，就给孩子提供多样食品供其选择也就足够了。

要教育引导孩子敬畏生命、尊重生命、珍惜生命、保护生命

我所生活的城市有个科技馆，里面包罗万象，应有尽有。有科普园地、4D影院、天文观测等区域，在人与自然区中有很多动物标本，是孩子们认识自然、增长科学知识、动手动脑的好去处，儿子小时候我经常会带他去参观。有朋友带着孩子来访时，那儿几乎也是必去之地。

一天，我在美国生活多年的朋友来访，带着她正在美国上小学的儿子可可。可可是个ABC(American Born Chinese)，在美国出生美国长大，第一次回到中国感到哪儿都新鲜。我儿子陪着他在科技馆楼上楼下跑着玩着，参观着交流着，兴趣盎然，很是高兴。当他们看到动物标本区时，我儿子兴奋依然，帮助可可读着标本前面的文字介绍，解释着他不认识的汉字，可是可可渐渐地不像开始那么兴趣盎然了，脚步停滞，表情凝重。突然，他昂起

头，表情厌恶地对我说："阿姨，为什么你们最后都要把这些可爱的动物吃掉呢？太残忍了吧！"我被他问得丈二和尚摸不着头脑，僵在了那儿，过了一会我才缓过来劲来反问道："我们没有啊，可可，为什么这样问？"可可几乎愤怒地说："还没有？明明就是这样写的！"说着他拉着我的手走向了一个个文字介绍标牌。我仔细一看，可不是吗，很多动物标本的标牌上都有"肉食鲜美""皮可入药""毛可……"的内容，总之介绍到最后大都归结到了"吃"和"用"上。比如对于"鲸"的介绍："……鲸浑身是宝，肉质营养丰富、味道鲜美，骨头可提炼胶水，肝脏中含有大量维生素，血和内脏是优质肥料……"。连血和内脏都不放过，真的太"血腥"了，好像我们还停留在狩猎时代没有进化到现代一样。看完以后我很感震惊，标牌内容对我的冲击还不是主要的，使我震惊的是为什么我们一直对这些描述习以为常，没有不良反应，我带孩子看了许多类似的自然博物馆，给孩子读过或看过许多类似的标牌说明，从来没有觉得这是个问题，也从来没有一个孩子提出过这个问题。为什么我们对这种血腥地理解和对待生命的现象毫无意识，感觉极其自然呢，究其原因，很大程度上说明在我们成长的过程中教育没有给我们根植这种意识，说明学校教育和家庭教育中对生命意识和对生命的保护意识是缺失的，这些缺失的生命教育使我们形成了一种思维惯式，如果把这种思维惯式称作“冷酷”有些重的活，那最起码可以称其为“漠视”。

由此我想到几年前的一个周末，我们全家出去郊游，傍晚回城时我们经过一段幽静的山间小路，夕阳柔柔地穿过松林斜洒下来，小路铺满暖暖的金色，景色既优美又温馨。车开得极慢，我们醉心地欣赏着这夕阳的余晖，突然远远地看到一群小鸟纷纷落到小路上，叽叽喳喳，飞来跳去，一边觅食一边嬉戏，无忧无虑、天然和谐。我们干脆停了下来，远远地欣赏着它们，不忍打扰。这时从山坡上下来一群当地的小朋友边跑边冲着我们高喊：“别停啊，加速，加速，冲过去，把它们压死！”在一片高喊和欢呼声中，正在享受自然乐趣的一群可爱的小鸟瞬间惊恐地飞走了。当时我心里虽然很不舒服，瞪了孩子们几眼，但也没往“生命教育”这个大话题上去想。现在想来其实就是“生命教育”的意识淡薄，我的“个人无意识”是否是“集体无意识”的一个缩影暂且不去论证，但是长期以来我们学校教育中的生命教育缺失是不争的事实，尽管近些年来有所改善，很多学校开设了与生命教育相关的课程，比如“健康教育”“心理教育”“生理教育”“安全教育”等等，教育部在2010年颁布并实施的《国家中长期教育改革和发展规划纲要》中也明确提出了“学会生存生活”“重视生命教育”等概念，但真正落实起来仍显不足，在学校教育正在整合完善强化但仍然没有到位的情况下，家长必须帮学校补上这一课。

为了比较，在写这一内容时，我特地请我在美国生活的好朋友去了解一下美国类似博物馆的情况，请她特别注意他们是如何向参观者介绍动物标本的，并谈谈感受。朋友特别认真，亲自去参观了洛杉矶的自然历史展览和自然科学展览，并摘录了两段标牌说明，一是介绍恐龙化石的标牌：“我们今天只能通过化石来认识恐龙。但是这些老骨头、破皮，都曾经是鲜活的生命。它们觅食、奔跑，它们找伴、育儿，它们遭遇疾病和伤害。它们面临生存的挑战，就像今天的你我一样……”第二段是鸟类标本区的标牌：“植物和动物（包括小鸟和你）都有能力在自己的环境中生存下来。就看看这些鸟儿是如何寻找食物、孵化育儿、保持清洁、解决保暖等问题而生存的吧……”朋友说：“看完这些解说词，我都有点感动了。恐龙在时空上离我们那么远，居然与我们面临着同样的生存挑战。世界上得有多少生命给我们作伴啊，有多少生命值得我们去认识、去研究去珍惜啊。所以人是不孤独的，各种生命都面临挑战，但又都是独特的。所以有的人学习困难，有的人身体不好，有的穷、有的丑……都不足为奇，努力克服呗。”像这样从生命的“生”的角度去介绍，从克服困难而“生存”的角度去引导，用与人类生命平等的意识去关切，是不是值得我们借鉴呢。

生命教育旨在帮助孩子认识生命、尊重生命、珍惜生命、热爱生命、关怀生命。这里既有对大自然所有生命的珍惜和热爱，理解生态伦理，保护生态环境，又有对自己生命价值和意义的了解、对自己生命的珍惜和热爱。

前几天与一位同事一道到外地出差，路上闲聊时他忧心忡忡地说，这一阵不太敢要求孩子好好学习了，说每次看到孩子学习不认真都不由自主地批评几句，有时也很严厉，但每次批评完了以后都后悔后怕，甚至胆战心惊，时刻观察着孩子的反应，生怕出大问题。我问为什么，他说邻居的孩子跳楼自杀了，就是因为学习压力太大，家长管得太紧，现在邻居夫妻俩每日以泪洗面，痛不欲生，后悔莫及。目前青少年自杀身亡的数据虽未公开，但是有一点是可以提醒家长们注意的，那就是近几年青少年的自杀率在小幅度上升而且有向低龄化延伸的趋势。所有的关于青少年自杀问题的调研分析报告，在分析原因时无一不指向学校和家庭对孩子的生命教育。认为由于生命教育的缺失，使得很多孩子缺乏对生命存在价值的理解，缺乏对个体生命的存在对于自身、对于家人、对于社会具有的意义的认识，缺乏对生命应有的热爱、尊重和珍惜。因为没有认识，才没有敬畏，才不懂珍惜，才会因为“学习压力大”“失恋”“父母的批评”等等这些与生命完全不对等的小事琐事平常事而放弃生命。更有甚者还有为了一己私心去残害别人生命的，比如“黄洋事件”“马加爵事件”等，真是让人痛心。

生命教育至关重要。在生命教育方面，全世界经济发达国家比我们行动得要早，有些国家或地区甚至提出把“对生命的敬畏”和“尊重人的精神”定位为对学生进行道德教育的目标。对生命个体的认识方面的教育更是我们学校教育的弱项，即使有些学校开设了相关的课程，也是“犹抱琵琶半遮面”，讲得蜻蜓点水，听得羞羞答答。究其原因，还是缺乏共存意识、缺乏科学精神。

过度自卑和过度自尊都是心理不健康的表现

我的一位同学由于企业改制夫妻双双下岗了，为了谋生他们到南方去寻求二次创业的机会，把独生子小骏留在老家由爷爷奶奶照看，当时孩子刚上小学。爷爷奶奶都是退休干部，也有些文化，所以对于孩子的教育有理念有方法，孩子身体的成长以及品德和学习的发展都还比较正常。唯独有一点是他们万万没想到的，就是在他们小心翼翼的疼爱呵护下，小骏的心理健康方面出了问题。

爷爷奶奶在生活上照顾孙子，同时在情感上更是无微不至地给予孩子以关爱。善良的他们每想到小骏的父母不在身边，就感到孩子像个没娘的孩子，很可怜，不由自主地由疼爱变成怜爱，渐渐地把小骏放到了悲情的角色上，行为和判断标准都由此而发生了改变。比如，在小朋友玩耍的打打闹闹中，谁多挨一拳谁少踢一脚都是正常的，可是如果是小骏多挨了一拳，就会被爷爷奶奶认为是别人有意“欺负”其孙子，于是，在小骏爸妈不在身边的情况下，为了避免种种不利因素，爷爷奶奶干脆平时不让他与小伙伴一起玩耍，就算一起玩，爷爷也会要求孙子不论是语言还是行为都要占上风，决不可“吃亏”。有一次，小骏在放学的路上与同学发生了争执，回家给爷爷说起，爷爷马上怒不可遏，不由分说领着小骏找到了这位同学，在其家长不在当面的情况下，把这位同学狠狠训斥了一顿，同学很是委屈，一直辩解真的没有欺负小骏，而且他也被小骏打了两拳，但无奈最后还是乖乖地承诺“以后再也不欺负小骏了”，爷爷这才善罢甘休。从此，放学后他再也不找小骏为伴了。

还有一件事，对小骏的影响更大。有一天早上，小骏兴奋地给爷爷说，今天上学不用背书包了，因为学校开运动会，只要带小马扎和水就可以了。爷爷听了很高兴：“多吃点，跑个好成绩。”下午放学回家，小骏高兴地进门就高喊：“爷爷，我们胜利了。”爷爷问：“跑了第几？”小骏骄傲地说：“我们班拿了全校总分第一名！”这下爷爷也高兴了，看到孙子满脸是汗，就放下手中的活，过来一边给孙子洗脸一边高兴地说：“总分第一，厉害！你也是你们班的功臣啊。”孙子骄傲地说：“那当然了，老师还表扬我们了呢。”爷爷又问：“你是什么项目啊？跑了第几？”小骏说：“我没项目，我给运动员送水。”听完此话，爷爷突然变了脸，把洗脸的毛巾“砰”的一声摔到水盆里，愤怒地指着孙子说：“还功臣呢，丢人！就会干这种伺候人的活，以后不许你这样低三下四！”小骏当时惊恐地都忘记了哭，想不出爷爷的态度为什么会变得那么快，过了好一阵才喃喃地说：“是老师让我给运动员送水的。”这下爷爷更加气愤了：“这不是明摆着欺负人嘛，他怎么不让别人送啊！”小骏说：“别人也送了，我和张晓、刘继红、李萌是送水队的，我还是队长呢。还有的同学参加了拉拉队，还有……”爷爷恼怒地打断他的话，愤怒地骂道：“狗屁队长，别人我不管，以后，你，绝不许再干这种伺候人的事，老师说了也不行。简直就是欺负人嘛！”然后又怜爱又无奈地看着孙子说：“小骏啊，你怎么就没点自尊心呢！”小骏茫然地看着爷爷，好像是对“自尊心”有了一点理解。这件事以后，小骏就很少参加集体活动了，与小朋友的来往也越来越少。据老师反映，他变得越来越敏感，别人说的与他完全不相干的话，他都感觉是在指责他、批评他，他越来越觉得人人都看不起他，好像人人都想欺负他。

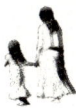

这种由于过度自卑而产生的过度自尊，使小骏的心理渐渐扭曲，直至孤僻、自闭，学习成绩也止不住地往下滑。小骏的爸爸妈妈发现了问题以后，带小骏去南方接受了心理医生的矫

正。

近些年，各级教育系统对学生的心理健康问题都越来越重视。最近我参加了一个大学生心理健康状况调研活动，结果令人担忧。调查表明，有三成左右的大学新生有着或多或少的心理健康问题，约有6%的学生认为“自己的过去和家庭是不幸的”，约7%的学生“常常失眠”，有约5%左右的学生“对任何事都没有兴趣”，约有1.5%的学生“想轻生”。根据心理健康科学量表的测定指标，这些选项的选择都表现出了比较明确的抑郁倾向。调查中还发现学生家庭经济状况、教养方式、父母关系、亲子关系等是影响大学生心理健康的重要原因，即相当多的心理疾患都起源于儿时家庭教育的诱发，比如对孩子自尊心的教育，如果像小骏的爷爷那样建立在自卑的基础之上，那一定会成长出一个扭曲的自尊心；但如果建立在自信的基础上，那就会是一个健康的自尊心。

“自尊”是维护自己的人格尊严、不容许别人侮辱和歧视的心理状态。实际上是从别人如何看待自己而感受出的心理状态。从这个角度上说，教育孩子主动从自己的能力角度出发，丰富自己、强大自己，累积自信的筹码，要比被动从别人如何看待自己的角度出发，责怪别人、怜悯自己，累积自卑的脆弱要好得多。有一种观点有些道理，“最好不要在意自尊心这东西，自尊会在文明时代过时。因为侮辱和歧视本身就是不文明的表现。”

> 一个人的健康包括身体健康、心理健康和思想健康，三者缺一不可。思想不健康，有丰富的知识也是野蛮的；心理不健康，有强壮的身体也是病态的；身体不健康，其他都健康也是枉然的。

体育绝不仅仅关乎身体健康

2011年教育部、国家体育总局等部门发布了《第六次全国学生体质健康调查报告》，报告数据表明：在学生体质和健康总体有所改善的情况下，仍存在许多新的问题，一是“大学生身体素质继续呈现缓慢下降，19—22岁年龄组除坐位体前屈指标外，爆发力、力量、耐力等身体素质水平进一步下降”；二是“视力不良检出率进一步上升，并出现低龄化倾向。7—12岁小学生为40.89%，比2005年增加9.22个百分点；13—15岁的初中生为67.33%，比2005年增加9.26个百分点；16—18岁高中生为79.20%，比2005年增加

3.18个百分点；19—22岁大学生为84.72%，比2005年增加2.04个百分点。值得注意的是低年龄组视力不良检出率增长明显”；三是“肥胖检出率持续上升。7—22岁城市男生、城市女生、乡村男生、乡村女生肥胖检出率分别为13.33%、5.64%、7.83%、3.78%，比2005年都有所增加，另外超重检出率也有所增加，龋齿患病率出现反弹”。最新的报告我没有查到，但愿有所改进。

学生身体素质下降，有学校教育的原因，更有家庭教育的因素。从理论上说，家长在教育孩子的过程中，一般都秉承着“德智体美全面发展”的方针，但是在具体实施中，大部分家长还是把主要精力放在了“智育”上，尽管现在许多家长渐渐开始重视“美育”了，但其动机也参差不齐，有的并不是为了美育而美育，而是另一种形式的智育而已。至于“体育”，已经被一些家长放到了极其次要的位置，即使关注，大多也只是从强壮身体的角度让孩子进行适当的运动，而能从全面理解体育文化的角度让孩子经常参加体育活动的家长，微乎其微。更有甚者，有些家长被传统的“四肢发达头脑简单”的印象所左右，限制孩子参加体育活动，认为那会影响学习成绩。而学校体育课也时有被其他课程挤占的现象，学生集体课外活动的场地和时间都显不足，致使青少年体质下降，其状况令人堪忧。

我曾经参观过多个西方国家的中小学，除了对他们的教学方法进行考察以外，对他们青少年学生的健美体魄也是印象深刻。特别是在冬季，在我们都穿得很臃肿的情况下，他们往往却是短衣单裤，朝气蓬勃，能量满满，好像生来就不怕冷似的。印象过后我都会自然而然地想，大概是因为“人种不同”，人家就是体魄强壮，可能有着特殊的抗冻基因。但是一件事情彻底扭转了我的这种观念。

某年初冬的一天，我和儿子一起去机场接他从美国回来的表弟。这位表弟4岁时随父母去了美国，在美国接受了小学和中学教育，当时正在读高中。儿子与这位表弟岁数相差不多，尚能谈得来。主要是他急于想找个练英语口语的对象，所以就非常高兴地去了机场。虽是初冬，可北方城市已很寒冷，我们娘俩都穿着棉衣戴着围巾，等候在接机口。不多时，广播里传来飞机安全落地的通知，人们纷纷前移，翘首以盼。我们按照多年前对他的印象在人群中寻觅着，一会儿一位健壮的大小伙子微笑着向我们健步走来，牛仔长裤、短袖体恤，双肩背着与他人差不多高的大旅行包，黝黑的皮肤，发达的肌肉，雪白的牙齿，步履坚定，健康向上，从里到外都散发着能量，好像有使不完的劲。这形象与我的想象差别太大了，我愣了好一阵才寒暄道：“长大了，长高了，也长壮了！欢迎欢迎啊！”我儿子的白、瘦、弱与他表弟的黑、大、壮形成了鲜明的对比，瞬间彻底打破了我一贯坚持的“人种论”。这兄弟俩完全是有血缘关系的同一人种，为什么体魄、气质、能量以及御寒能力等就相差这么大呢？这一形象在我的脑海里定格了很长时间，促使我对儿子体质训练缺失的反思。为此我专门请教了侄儿的妈妈，她的回答是：“锻炼！坚持不懈地锻炼！并且要根据孩子的兴趣，让其参加一支运动队或者俱乐部，按时参加训练和参加比赛”。

据她介绍美国每个州的学校体育课的安排是不一样的，但是每个州都非常重视体育。她所在的州从小学到高中每天都有一节体育课，而且是不考试不记成绩的，只要每天到课按照预先选择的项目参加锻炼，完成指定的运动量，就能拿到该门课的学分。另外，美国的中小学下午放学很早，而且学校有很多项目的体育俱乐部，学生几乎都能参与其中，课外进行训练和比赛。当我问到家长对于体育的认识理念时，她说道，这一点与我们国家特别不同，他们根本没有什么“四肢发达头脑简单”的说法，而是“体格健壮和学习好都同样令人羡慕”，而且普遍认为“四肢发达有助于智力增长”。

是的，体育关乎身体健康，但绝不仅仅关乎身体健康。美国哈佛大学教授、《运动改造大脑》一书的作者约翰·瑞迪（John. Ratey）通过对美国芝加哥某高中执行“零点体育课”计划的研究发现：“运动不仅能够健身，更能够健脑”。“零点体育课”计划，是某研究机构在芝加哥某高中开展的一项研究，研究内容是，每天早上7:00到7:40，在正常的第一节课之前，先上一节体育课，相当于我国大多数学校的“晨读”。但这一堂体育课与通常的体育课不同，它是让学生选择自己所喜欢的运动项目进行力所能及的运动，目的不在于项目本身，而在于培养健康习惯和运动兴趣爱好。结果发现，参加“零点体育课”计划的学生，不仅身体好，而且上课注意力集中，同学关系融洽，整体学习成绩有所提高。

体育心理学研究表明，体育运动对人的心理活动所起的积极作用明显。儿童的性格形成主要是在游戏和运动中完成的，他们在游戏和运动中扮演角色，并通过游戏和运动规则经历竞争、合作、成功、失败、挫折，体验帮助别人和受到帮助的乐趣，所以，通过有针对性的运动，可以纠正儿童不良的性格，激励和形成健康的人格特征。从这个角度理解，西方人一向把体育当成“精英教育”的重要组成部分是有道理的。大多数西方领导人都有体育上的一技之长，有的入选过学校的体育代表队，有的甚至就是职业运动员出身。这是因为有这些经历的人一般都具备一些特殊的心理素质，比如有难以击垮的信心和号召力，有很强的规则意识，懂得如何去竞争；懂得团队的作用善于合作；他们能够较好地控制自己的情绪，胜不骄败不馁，而这些恰恰是成功者需要具备的素质，是情商的重要组成部分。置身社会发展大潮，分析各界职业人士，有一个规律深被大家认可，那就是一个人在成才成功的道路上，“没有智商入不了门，没有情商成不了神”，智商只是起到跨越“门槛”的作用，情商则是可以大大提升成功率的关键。

要让孩子至少学会一项符合身体特长的体育锻炼技能，积极参加体育活动或比赛，这将能够最大限度地拓展他们的心智禀赋，塑造他们的精神意志，增强他们的体质气魄。孩子可以从中学会与人交往、建立合作精神、增强团队意识，这些将会使孩子终身受益。

一定要从儿童阶段培养孩子良好的阅读习惯，“青少年的精神发育史就是他的阅读史”

看到“阅读”这个话题，读者可能会纳闷，为什么把这部分内容放到“健康”类而不是“学习”类呢？这正是我的特殊用意所在。在每个人的成长过程中都会面临两个世界，一个是物质世界，一个是精神世界。每一个体的成长历程也分为两个方面，一是躯体的成长，一是精神的成长。要实现人的全面健康的发育和成长，这两大方面缺一不可。而不论是躯体的还是精神的成长，都离不开代际相传、离不开人类进化发展的大背景，因此，每个人的成长都是人类发展史上的一部分。躯体的成长除了后天的营养以外依靠的是基因和遗传，而精神的发育和成长则更多靠的是后天的阅读和思考。通过阅读和思考与人类历史上精神高峰对话和交流，才有可能达到和超越人类历史的思想高度和精神境界，所以，阅读是精神健康发育和发展的有效和重要途径。正如一位教育家所说“青少年的精神发育史就是他的阅读史”，没有阅读就不可能有个体心灵的成长，不可能有个体精神的完整发育，没有阅读经历的孩子可能会成为精神发育不良的人，这就是我把这个话题归到“健康”这一话题的原因。

我们很多家长并没有深刻认识到这一点，有的没有刻意关注和引导孩子的阅读，有的甚至遏制孩子的阅读空间，扼杀孩子的阅读兴趣和习惯，把一个健康的孩子硬生生“培养”成一个精神残缺的人。经常听一些家长说怕耽误孩子学习，禁止孩子读课外书，特别是小说类。我就遇到过这样的家长，当问及孩子学习情况时气愤地说：“气死我了，天天偷偷地看小说，全都被我没收了。”我也遇到过这样的孩子，说妈妈从来不允许她看小说，我说那多可惜啊，她神秘地对我说：“我有办法。我有两大隐蔽的阅读圣地，一是被窝，二是厕所。”她为能以自己的“聪明才智”骗过了妈妈而得意，然后小声说：“阿姨，别告诉我妈妈啊！”但是后来我还是“出卖”了她，因为我想劝劝她妈妈改变教育理念，给孩子提供一个真正的阅读圣地，在她那两块“圣地”看书，实在对孩子的健康有害。

这样的例子不一而足。儿子刚上初中的时候，一个周末我带着他去新华书店买书。那是一个刚开学不久的星期日，新华书店里熙熙攘攘，挤满了孩子和家长，店员们忙得不亦乐乎，一个

“全民阅读”的时代已经到来。再仔细观察一下，其实不然，因为最拥挤的地方是课外辅导类、特别是各类习题集摆放的区域，而其他文学艺术类、历史哲学类等处却只有屈指可数的几个人。

一对母女的“讨价还价”，我至今无法忘记。女儿说：“妈妈，给我买一本吧，这可是世界名著啊。”妈妈没好气地说：“考试考你那个世界名著吗？不买！”女儿生气开始耍赖：“就要买！要不然你买的那些复习题我都不做。”妈妈更加严厉地说：“你敢！”说完拔腿就走。女儿一看一计不成便突然放声大哭，妈妈在大庭广众之下非常尴尬，马上走过来哄着女儿说：“好，好，买一本。”看着女儿停止了哭声，妈妈马上得寸进尺小声说：“那我们再多做一本数学课外题好不好？”女儿爽快答应了。一番讨价还价，女儿终于以多做一套数学题为代价换来了一本世界名著的阅读，我仔细一看还是“简缩版”。多么艰难的斗争啊。后来我在某些场合给别人举这个例子的时候说过，如果这个女儿当时说语文和英语考阅读理解时经常会从这上面出题，估计妈妈毫不犹豫就买下了，而且还会督促女儿认真阅读。当然，以阅读来提高学习成绩，不但无可非议，而且还可以此促进阅读，我们只是反对惟考试和分数的阅读。

写到这一部分时，正值4月23日“世界读书日”。报纸上、网络上到处都是有关读书的报道和文章，诸如“清华国学四大导师的读书方法”“读书使人优美”等心灵鸡汤类文章在微信“朋友圈”中转发量极高。机关、学校等单位也都在开展“读书节”活动，但是我们国民的阅读现状还是很令人担忧。2015年4月16日的《人民日报》以《孩子，今天你读书了吗》为题，聚焦了青少年的阅读现状。文章公布了一组数据，2014年国民阅读调查报告显示：我国未成年人2013年图书阅读率为76.1%，人均图书阅读量为6.97本，较2012年提高了1.48本。相较于成年国民2013年人均图书阅读量4.77本，青少年阅读的状况略好一些。但是这个数据背后依然有隐忧，一方面该调查是将教材与教辅都计算在内的；另一方面，6.97本的人均图书阅读量与日本人均40本、法国人均20本、俄罗斯人均55本相比仍然是数量级的差别。即使这样的数字也很难维持稳中有增。2016年的4月23日，《光明日报》刊登了一篇署名文章《统计数据中的全民阅读》，其中公布的一组数据更是令人担忧。“2015年我国0—8周岁儿童图书阅读量较上一年有所增加，9—13周岁和14—17周岁未成年人的图书阅读量较上一年有所减少。其中，我国14—17周岁未成年人课外图书的阅读量最大，为8.21本，比2014年减少4.92本；9—13周岁未成年人的人均课外图书阅读量为7.62本，比2014年减少1.18本；0—8周岁儿童人均图书阅读量为6.34本，比2014年增加0.78本。为何9—17周岁未成年人的图书阅读量减少？对此，尚未有相关研究结果公布。”一个民族的精神境界在某种程度上取决于这个民族的阅读水平。我们国家这样的阅读现状，使得政府不得不出手引导。在2015年的全国“两会”上，“全民阅读”第二次被写进了《政府工作报告》。李克强总理在记者招待会上表示：“把阅读作为一种生活方式，把他与工作方式相结合，不仅会增加发展的创新力量，而且会增强社会的道德力量。”国家这样大张旗鼓地鼓励和倡导阅读，已经把全民阅读特别是青少年的阅读提升到了战略的高度来考量。

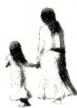

与此同时，多篇文章都在分析大家目前非常关注的问题，那就是新媒体时代的“碎片化”阅读和“浅阅读”。我认为，新媒体势不可挡，其作为获取信息既重要又快捷的途径无可替代，不容忽视，但是有思想有思考的阅读还是要有“涵养”式的慢阅读、深阅读，长篇中蕴含的思想和精神是“浅阅读”方式所不能触及的。微信上的有些“鸡汤段子”的鸡精味太浓，要想品尝到真正思想的浓汤美味，还得要慢慢地熬。

研究表明，孩子很少天生就喜欢阅读的，美国著名阅读研究专家吉姆·崔利斯在他的著作《朗读手册》中总结出两条“阅读定律”：定律一，人类是喜欢享乐的；定律二，阅读可积累渐进的技能。“定律一”指出，家长在引导孩子阅读时要尽量多传递“愉悦”的信息，尽量不要把阅读与“枯燥”“无趣”等联系在一起。比如说，有些家长让孩子每读一本书都要写一篇读后感；还有一些家长把孩子读的书中的内容编成测试题，孩子每读完一本书就要考一次试等。如果孩子很少体验到阅读的乐趣，只体会到无趣，那他的自然反映就会回避。“定律二”指出，读得越多就读得越好。家长在注意阅读的“质”的同时，也应注意“量”的积累。所以，在引导孩子养成阅读习惯方面，家长的作用非常重要。我的一位朋友有两个儿子，都已先后大学毕业步入社会，她在总结对儿子的教育时有一段反思：“我对大儿子的教育是非常用功的，他很小的时候，我就开始给他读书，虽然他不识字，但我仍然用手指着字，一字一句地读出来，慢慢地他就认识了一些简单的字。到美国后，我经常带他到图书馆，让他挑选自己喜欢的书，回家后，他就特别积极地让我读他选的书，我耐心地照办，并在满足他要求的情况下引导他读书，由我给他读慢慢变成

了他给我读，由每天读很少变成了每天读较多，慢慢地，他就养成了阅读的好习惯。这一点让他受益匪浅，踏入社会以后他感受更深。可是，小儿子来美国之后，大的已经上学，小的尚小闲散在家。那时我的工作也忙了起来，总觉得他跟着哥哥混，看哥哥借回来或买回来的书就可以了，因而忽视了对他的引导和个别教育，结果至今他都不爱阅读，看的最多的就是漫画书，所以，要培养孩子的阅读习惯，父母绝对不能偷懒。”

我之所以在这个话题上多花了些笔墨，一方面是因为前面记述了阅读的重要性；另一方面是因为我有不成功的教训。在我儿子小的时候，我有明确的培养他阅读习惯的理念和愿望，但是始终没有找到适合他的方式方法。总结下来，有这么几点值得大家引以为戒。一是给他读得太多可能会遏制了他自我阅读的主动性；二是按照家长的意愿去选书，可能背离了他的关注需求；三是太注意书的思想性忽视了娱乐性，从而扼制了他的读书兴趣。总之没有使儿子养成良好的阅读习惯，是我对儿子教育的最大遗憾。长大以后，当他认识到这个问题的重要性并想重新形成习惯时，始终不那么尽如人意。

阅读，不一定使你更加富有，但是一定可以使你变得更加智慧；阅读，改变不了你的长相，但一定可以改变你的品位和气质；阅读，不一定能够延长你生命的长度，但一定可以增加你生命的宽度和厚度；从这些意义来讲，阅读，可以使你的人生变得更加美丽和健康。

尽量不要让孩子在儿童期住校，因为学校教育取代不了家庭教育，老师的爱取代不了父母的爱

前几年，有一种教育理念像风一样迅速吹遍大江南北，那就是“不能让孩子输在起跑线上”。在这一理念的指导和驱使下，再加上计划生育的效应呈现，农村开始有计划地撤点并校，有一种做法迅速成为了农村基础教育的新模式，纷纷被互相效仿，那就是“初中进城”。

所谓“初中进城”，就是撤掉乡镇的初中，投重资在县城及以上的城市大规模建设新学校，让所有的农村中学生背井离乡到城里寄宿读初中。一时间媒体舆论褒贬不一，支持者认为，让农村的孩子享受城里孩子一样的优质教育、与城市的孩子在同一起

跑线上起跑，体现出了教育的均衡发展和公平，值得赞赏和推广；反对者认为，让十岁左右的孩子离开父母、离开家庭，过寄宿制生活，就是半个孤儿院，就是另一种形式的育婴堂。孩子得不到应有的家庭温暖和亲情关爱，会对孩子幼小的心灵造成伤害，使其心理发育不健全，应该马上叫停。在一片争论声中，全国还是有一些地方强行推进了这项所谓的“改革工程”。更有甚者，有的县城在全面完成了“初中进城”以后，又踌躇满志地策划“小学进城”或“小学进镇”。

我就曾被某县政府邀请去做“小学进城”的论证专家，论证会上我竭力反对这种做法，惹得当地政府主要领导很不高兴。政府领导认为，这样做“能使我们的农村孩子从小过上和城里人一样的生活，起步在同一起跑线上。这是一件利在千秋、功德无量的事”。又是“起跑线”理论，我们暂且不去论证这一提法的科学性，单就“起跑线”而言，学校的地理位置和硬件设施也不能代表‘起跑线’的全部内容。在城里寄宿制学校上学的孩子，真的能如策划者所愿过上所谓“城里人”的生活吗？恐怕是城里人的现代化没有享受到、而乡村的清新也失去了，更可怕的是孩子从小失去了家庭的温暖、父母的日常照料和教育，使得孩子失去了成长的自然生活方式和成长状态，而这些是学校教育和寄宿制生活所完全不能给予的。难道这些不是“起跑线”的内容？还有由此所引发的社会问题，许多家长不放心孩子一个人在城里生活，为了能尽量多一点照顾到孩子，就背井离乡在学校旁边租房子做点小生意，好好的温馨家庭就这样被这一个政策拆散了。这实际上与“留守儿童”问题如出一辙，大家都注意到了“留守儿童”是个问题群体，那为什么还要推崇“初中进城”“小学进城”呢？同时，《义务教育法》明确规定，“地方各级人民政府应当保障适龄儿童、少年在户籍所在地学校就近入学”，据此，这种做法还存在是否违法的问题。一番论证之后，似乎延缓了这一政策的出台。通过几年的实践和专家们的积极呼吁，近些年有些省教育厅就明确下发通知，叫停盲目推进“小学进镇，初中进城”的做法。

我举出这一事例只是想引出题中的观点，学校教育取代不了家庭教育，老师的爱取代不了父母的爱。忽视家庭教育的学校教育是不完整的教育，相应的孩子身心发育和成长也是不健康或不完善的。《发现母亲》一书的作者李东华通过多年的研究认为：“无论学校多么出色，也不能替代家庭。学校的存在并不能减轻家庭的教育责任，相反，家庭通过正确的发挥其主体性，才会提高学校存在的价值。学校替代家庭，无视家庭的存在，终究将会丧失学校本身的主体性。”因为，教育不仅仅是课堂上的“教”，更重要的还有成人的“做”，还有环境的“化”、亲情的“育”。对于少年儿童阶段的成长需求来说，后三者的作用要更重于前者。

现在“生态”这个词很热，科学发展、绿色发展，着力改善生态环境，促进人与自然和谐共生，已经成了国家发展的重要理念之一。“生态”指的就是生物在一定的自然环境下生存和发展的状态。“生态”成为热词以后又引申和发展出许多相关概念，如“自然生态”“学术生态”“校园生态”等。那么少年儿童作为一个弱小生命体的健康成长的最好生态环境应该是什么样呢，我想，清一色的同龄儿童的群居生活肯定不是少年儿童发育发展、成长成人的最好生态环境。

在现实生活中，以上这个问题不仅被许多普通的家长所忽视，特别是一些年长的人更是对此不以为然，即使对于教育界的专家来说，也不见得都有清醒的认识。他们不以为然是因为他们中的许多人幼时就是这样背井离乡寄宿求学才有了今天的生活和成就。我就此问题曾与几位有类似经历的朋友交谈过，他们的确大多对自己的经历不以为然，但是有一个事实不容忽视，那就是他们对自己下一代的亲情呵护以及对于家庭建设和维护都超过一般人。这是不是一种下意识的反思呢？在当时的国家经济发展和教育发展的条件下，他们的寄宿选择或者说是不容选择的选择，是一种历史的无奈，是可以理解的。当今社会的一些家庭可能也会有各种不同的无奈，因而“两害相权取其轻”，不得已之下才把孩子送去寄宿，所以，我在标题中加了“尽量”二字，就是为了区别那些“无能为力”的“无奈”选择，去提请那些有能力有条件的家长，要关注和意识到这一类问题，不要为了减少孩子在家的麻烦而早早把孩子送去寄宿。在有能力负起责任的时候而放弃或转嫁责任，拱手把教育的责任全盘交给学校，一旦贻误了孩子身心成长的最好阶段，就再也补不回来了。

在儿童的健康成长过程中，学校教育、家庭教育、社会教育只是侧重不同，但缺一不可。家庭是一种最高级别的教育单位，每一个幸福的家庭都是一个无与伦比的最高学府，家庭教育对孩子的影响以及它的精髓之处，学校教育永远也代替不了。

不要让孩子脱离现实社会，要活在当下

一个好朋友在郊区买了个小别墅，一共三层还有个大院子，院子里种满了各种有机蔬菜，我们几个好朋友隔三差五就去“扫荡”一次，每次都是满载而归。有一次我们好朋友4家人都带着孩子去她家聚会。朋友都是同龄人，孩子们的年龄也相差不多，当时都在六七岁。大人还没有聊热呢，孩子们就已经欢天喜地乐成一片了，他们楼上楼下跑着，嘴里喊着我们听不懂的口号，互相称呼着我们听不懂的名字，各自使用着什么“攻略”、什么“秘笈”、什么“解药”，玩得不亦乐乎。我们几个嘱咐他们注意安全之后就开始了我们的活动。可是不一会儿，英子就悄悄走过来拉着她妈央求道：“妈妈，我们回家吧。”“为什么？不是玩得很高兴吗？”“太没意思了，他们说什么我都不懂。”英子妈说：“你给他们讲历史故事啊。”英子委屈地说：“他们才不听呢。”这时从楼上传来了那三个孩子快乐的笑声和呼喊声。英子羡慕地望着楼上，又无奈地说了一遍：“他们玩的东西我不懂。”

原来，自从英子来到这个世界，妈妈精心培养、细心呵护，因为害怕伤害孩子眼睛，同时也担心电视里不良内容污染孩子的心灵，所以从来不让孩子看电视，为此家长在家也不看电视。害怕孩子玩游戏上瘾影响学习，从来不让孩子玩电脑，也不在家里放电脑，家长用电脑就去办公室。孩子的时间大部分用来读书。英子妈妈的这种教育办法的显著优点是，使得英子比同龄孩子多读了很多书，成熟得似乎也早些，俨然一个小大人，她讲起什么“凯撒大帝”“埃及艳后”“十字军东征”等历史故事，眉飞色舞、绘声绘色，可是这种教育方式也有一个明显的不足，就是使孩子好像生活在另一个时代，与同龄孩子完全没有了共同语言。而缺少了与同龄人的交流，恰恰是孤独和自闭的隐患。

英子妈妈的这种教育方式也是出于无奈，现实中“网瘾”几乎毁了孩子的事件多有出现，我身边就曾发生过。多年前，我住在大学校园里。一天上午我没课，吃完早饭把儿子送到幼儿园后我就去办公室改作业。正走着，被迎面过来的一位校园保洁阿姨叫住，“老师，帮下忙。”我快步迎了上去问：“什么事？”保洁阿姨从路边的冬青丛中拿出一个学生双肩背书包，说：“我在树丛中捡拾垃圾，捡到了一个书包。老师，你看怎么办，帮我交给保安吧。”我一看书包的样式不像是大学生的书包，那么小学生或中学生的书包为什么会出现在我们大学校园的树丛中呢？也不像是不小心丢的，因为不小心不会“丢”在这么隐蔽的地方，另外时间也不对，此时不是课外活动时间，而正是上午的上课时间，所以我的基本判断是“逃学”。我说：“先不要交给保安了，打开书包看看是谁的再说吧。”于是，我们打开书包，一看作业本上的名字，我大吃一惊，是住我斜对门徐大姐的孩子李庆的，小学四年级。徐大姐和李大哥夫妻俩都是我们学校的后勤职工，勤劳善良、心灵手巧、直爽热情，我们两家当时住在同一个筒子楼上，关系非常好，在同一个楼道里做饭，敞着门吃饭，经常按照孩子的喜好互通有无，孩子们出入两家就像进出自己家两个房间一样自由。徐大姐夫妻俩望子成龙心切，对儿子的未来寄予厚望。每天对孩子的作息时间、学习作业等严格要求，学习以外的活动几乎全部禁止。为了提高儿子的作业质量，她经常与我“换工”，她帮我带儿子，我辅导庆庆写作业。这一阵子我也发现庆庆的作业马虎出错、心不在焉，但绝想不到他会逃学。我找到了徐大姐，悄悄说明了情况，建议她把书包放回原处，看庆庆中午“放学”回来怎么解释，根据情况再进行教育。但是她一听到此事就立即火冒三丈、情绪失控，流着眼泪肯定地说：“不用他解释了，肯定在网吧里，我去找！”说完就飞奔了出去，我怕出事也紧跟着她跑出了校园。校园周边密密麻麻分布了很多网吧，明的有暗的也有。功夫不负有心人，找到第五家的时候，我们发现了蜷曲在黑暗潮湿的网吧角落里的庆庆。只见他手握游戏柄，头戴耳机，眼睛盯着游戏机屏幕，身体随着手柄的指向而摆动，情绪亢奋，聚精会神，直至他妈妈拽着耳朵把他从凳子上提起来也没反应过来是怎么回事。毫无疑问，庆庆挨了狠狠的一顿拳打脚踢。被围上来的人拉开以后，徐大姐又转而冲向电脑试图摔砸，被拉开后，已近崩溃了的可怜的徐大姐像泄了气的皮球一样瘫坐在地，声音低沉但却咬牙切齿地向网吧老板吼道：“你们这些开网吧的怎么不死啊！你们祸害我的孩子，作孽啊！”然后嚎啕大哭起来。她的无奈、伤心和崩溃以及哭天抢地的情景，我至今记忆犹新。也可能正是这件事，促成了几年以后当我面临着儿子玩网络游戏时，能够采取比较理智的态度和教育方式。

很庆幸，我没有重蹈徐大姐的覆辙，也没有走英子妈妈的“全盘否定，全面禁止”的道路，我对儿子采取的是“有收有放，以疏为主”的方法，或者叫做“有监管的放开”的方法，事实证明还是很成功的。对于电脑，我当时的理解虽不像现在把它看作是什么“大数据时代”“生活方式”等这样深刻，但是最起码我感到了它将是孩子以后生活和工作不可缺少的工具。一定要让孩子掌握当下的最先进的工具，以免以后出现骑驴与轿车赛跑的局面。而玩电脑游戏无疑可以促进孩子对电脑这个工具的使用和认识。所以我的政策是允许甚至是鼓励孩子玩电脑游戏，但是在时间的长短、时段以及内容上都有所要求。由于家庭“政策”宽松，使得儿子在玩游戏时，光明正大、心态轻松。我儿子的电脑游戏玩得非常棒，及时跟进新版本，还由此提高了在小伙伴中的地位，一度成为了小伙伴们的“偶像”。他在日记中有这样一段记录:“这些天我一直在练CS，每天固定一小时，修炼的结果是，终于有菜鸟说我在作弊了！哈哈哈哈，我成大虾啦……此外，我还和朋友在dust中成功上天。一天，一位学校的职工问我，‘你的枪法是怎么练的啊’？哈，我成偶像了。”据说，后来在大学期间他还获得过网络游戏比赛的大奖。网络游戏非但没有影响孩子的学习成绩，反而由于手脑并用而促进了智力发展，同时使孩子从被监管走向自觉，从中学会了节制、选择，他对电脑以及网络技术的使用能力在现在的工作中也凸显了优势。

实际上，在社会历史发展和进步的不同时期，家长的“心头大患”就没有间断过，他们的烦恼和纠结也从未停止过，只是内容各不相同而已。新世纪交替以来，先是电视再是电脑而后是手机，再以后还不知道会出现什么创新产品。每当新生事物问世，家长们的本能反应几乎都是抵制，但是回过头来看一看，个人在时代的潮流面前实在是太渺小了，你根本抵制不了。“没有人能够阻挡新技术对我们生活的渗透，孩子们也无一例外”，特别是在被称作“网络原住民”的现代孩子面前，智能手机、ipad等设备不断更新，短信、微博、微信等交流方式层出不穷，“原住民”们可以天然融入，可是家长们呢，别说阻挡不了，要是不抓紧学习，就连阻挡的能力也会渐渐失去，甚至连阻挡的路径都找不到。

要充分利用社会生活教育孩子，如果远离当今社会而“闭门造车”，那么出门以后就会很难合辙。把孩子关在家门内，完全按照家长的主观意志进行塑造，孩子很难具备良好的社会适应性，当孩子自己独立观察时，就会不知所措，所以，要让孩子生活在当下社会中。“活在当下”，就要面对当下的人、当下的事、当下的技术、当下的游戏；就要享受当下的便利，克服当下的困难，趋利避害，不超越、不回避。

要让孩子生活在当下，克服当下的困难、享受当下的快乐，品尝当下的幸福，享受当下的物质文明，提高在当下社会中的生存能力。不要视现代技术为洪水猛兽，用平常心对待它，比如电视、网络等，用其所长、避其所短，引导孩子在娱乐中学会节制、学会鉴别、学会拒绝，也学会选择，同时还能学会实用技术。普罗米修斯发明了火，可以用它杀人，但更可以用它给人类带来光明和温暖。

后　记

这本《成长的印记》的写作思路起源于几年前我给一位忘年交朋友发的短信。当时她的孩子刚上幼儿园，而我儿子研究生即将毕业。她正在为如何教育孩子而发愁，而我恰好有很多经验教训可以总结。于是一呼一应，我们就开始了育儿经验短信交流。由于我们的许多理念和观点都很契合，所以短信交流持续了三四十条，一条一个观点，简单明了，没有长篇大论，没有引经据典，但每一条背后都有真实事例作支撑。后来她对我说，她把我们的交流短信在她的同龄朋友圈里分享，引起了一阵以短信观点为中心的讨论甚至争论。这使我感到了这些短信的价值，于是就抽空稍加整理又充实了事例，作为资料保存到了电脑里。直至一年多以前山东教育出版社编辑李红女士给我打电话，询问近期有无新作时，我又想起了那些短信。

但是要把这些“育儿经”结集出版，我还是有些底气不足的。一是，这些观点纯属对“印记”的有感而发，太过原生态，没有相应的理论研究作支撑，难免有些肤浅；二是，本人大半生从事高等教育教学、管理和研究，突然以育儿经作品面市，难免有“不务正业”之嫌。

最终决定整理出版此书还是源于我一以贯之的一个教育理念，那就是没有好的基础教育就不可能有好的高等教育，所以从事高等教育的研究者熟知基础教育的状况是一种优势。年龄越小实施教育越难，但也越重要，因为这是人生的启蒙阶段，所以我对我们国家一直以来“临时工教幼儿园，中专毕业教小学，专科毕业教中学，本科毕业教高中，研究生毕业教大学”这样一种国民教育体系师资结构现状忧心忡忡。当然，近年来情况大为改善，但是距离从国家顶层设计的层面上、从教育理念的层面上彻底改善还差很远。我认为要动员和以政策支持引导大批有理论、有理念、有理想的教育学博士、硕士研究生去从事中、小学基础教育和幼儿教育实践，这才是理想的基础教育师资队伍建设方向。

我本人虽不是专职从事教育学理论研究的，但我是一名教育工作实践者，有对自己孩子的家庭教育实践，有基础教育与高等教育的课堂教学实践，有基础教育、高等教育的政策研究制定和发展管理实践，在大半生的教育实践中多多少少也形成了一些自己的教育理念和方式方法，所以，尽管相比较那些“学院派”的儿童教育著作，我这本书也许不那么专业，但也可以称之为“派”，那就是“实践派”。取名为“印记”，就是想强调本书从实践中的直接观察入手；从点滴小事入手；从每个家长都会遇到的具体问题入手，形成观点，再以自己的亲身经历和身边日常事例加以说明，一点一滴总结出规律和理念。本书避免了高深的理论和抽象的说教，力图营造使家长易于接受的亲切感，不求百分百正确，但求能给家长们提供一个思考的角度，或许可以从中得到某种启发。书中的事例全部取自我本人或周边亲朋的真实事例（但隐去了真实姓名），虽不完全具有普遍性，但的确在生活中实实在在发生过，应该是有参考和借鉴价值的。

书中还有一些事例来源于我对美国基础教育的考察和体验。对于中美教育比较，国内教育界好像有个共识，那就是中国的基础教育好于美国，美国的高等教育好于中国。我不否认我国基础教育的优秀之处，特别感佩几十年规范化的基础教育对于整体国民素质提升所作出的巨大贡献，但是有一个疑问始终在我的脑海里盘旋——如果美国的基础教育一无是处，又怎么可能有好的高等教育？这不纯粹是“最后一个馒头吃饱了”的理论吗？

为此，2005年，利用去美国学习的机会，我专门就美国的基础教育进行了为期半年的深入细致的考察。我几乎走遍了美国东部康涅狄克州（Connecticut）的中小学，听课、访谈、研究他们的课程安排、教学管理和学分制体系。我的结论是不能简单用“好”或“不好”去评价中美任何一方的基础教育，两者各有所长，也各有所短。中国基础教育的最大长处在于提高了国民的平均知识水平和素质，是一种均衡的共同提高的教育；而美国基础教育的最大长处在于选择和差异，在毕业水平下可保底的情况下上不封顶，在保持学生有均等的选择机会的情况下，允许结果的差异。如能各自取人所长补己所短，就都能有所提高。我把我的一些体会和认识穿插在本书中，绝非“言必称希腊”，只是想给大家提供一些可以学习和借鉴的理念和案例。

时代发展太快，每一个新的发明、新的方法或者新情况的发生都会迫使人们对行为和观念做出全新的调整。任何人在某段历史时期形成的认识和做法都不可避免地带有时代烙印，所以本书观点肯定不能完全适用于年轻一代家长。更何况每个孩子都是独一无二的，都有其与众不同的特点，不可能一概而论，但是历史又是一面镜子，正如著名历史学家威尔·杜兰特（Will Durant）所说，对史实的搜集和编纂，“是一种寻求预见性观点和启蒙作用的哲学”，“当下乃为成事而拾掇的往昔，往昔尤为解惑而展开之当下”。人类之所以能连绵不断地持续发展，其中肯定有些活动的本质是亘古不变的，千差万别中会有不离其宗的根本。总之，以小见大，以古喻今，可以举一反三。但愿我的原生态总结能为年轻的家长们提供一些讨论话题，如果在讨论的过程中能得到一点预见性观点或有些启发，那就是我莫大的荣幸了。

感谢我的好朋友、山东省妇联邢善萍主席，百忙之中为本书作序。她与她的团队是山东妇女的最高代表，是促进妇女儿童发展以及权益维护的具体规划者、推动者和实施者，所以她对家庭教育在儿童健康成长中作用的理解和定位是定义性的，正如序中所阐述的。她的序言确立了本书的定位，提升了本书的意义。她在序言中对我的溢美之词使我汗颜，但也大大增强了我敢于面世本书的自信心。

感谢编辑李红女士，是她的鼓励和精心策划才有这本书的问世，同时她也为本书的结构、插图以及关乎最终呈现的诸多元素提供了智慧和帮助。

感谢我的闺蜜们，她们是我几十年的挚友，我们一直在思想和经验上互通有无、切磋提高，共同见证和缔造了我们下一代的成长成人。相人提供了大量的育儿事例和经验感悟、社英收集整理了儿子在美国读书成长的见闻、时彤提供了教育两个孩子的得失比较，她们都为本书丰富了思想和内容。感谢我妹妹黄琳，她以一名优秀的专业语文教师的严谨审阅了全书，勘正了书稿中的病句、用词甚至标点符号。

最后还要感谢我的儿子，是他完善了我的人生，提升了我的思考，丰富了我的阅历，他的成长成人也同时促进了我的成长成熟，他是我一生的骄傲。本书开始写作之际正值我儿子的结婚大典，一个时代的结束是又一个新时代的开始，一代人退出了历史舞台，新的一代闪亮登场，再下一代在孕育之中，儿子的孩子应该比我的儿子更加优秀和全面。人类历史就是这样前进的，只有我们的公民一代比一代优秀了，我们的民族才能越来越优秀、越来越有希望。

“我的时代”即将结束，我常想在我人生的转折点到来之际，总要有个纪念或某种形式的告别吧，这大概是我写作本书的真正动因。

作者　黄琦

2016年10月于济南

参考书目：

1. ［美］吉姆·崔利斯. 朗读手册［M］. 沙永玲，译. 海口：南海出版社，2009.

2. 朱光潜·谈美书简［M］. 武汉：长江文艺出版社，2008.

3. ［意］玛利亚·蒙台梭利. 童年的秘密［M］. 马荣根，译. 北京：人民教育出版社，2005.

4. ［美］玛莎·努斯鲍姆. 告别功利［M］. 尚聿，译. 北京：新华出版社，2010.

5. 王东华. 发现母亲［M］. 成都：四川人民出版社，1999.

6. 朱家雄. 建构主义视野下的学前教育［M］. 上海：华东师范大学出版社，2009.

7. 姜勇. 国外学前教育学基本文献讲读［M］. 北京：北京大学出版社，2013.

8. 龙应台，安德烈. 亲爱的安德烈［M］. 桂林：广西大学出版社，2013.

9. 尹建莉. 好妈妈胜过好老师［M］. 北京：作家出版社，2014.

10. ［美］威尔·杜兰特，阿里尔·杜兰特. 历史的教训［M］.倪玉平，张闶，译. 成都：四川人民出版社，2015.

图书在版编目（CIP）数据

成长的印记：正面教育40例/黄琦著. —济南：山东教育出版社，2017

ISBN 978-7-5328-9726-1

Ⅰ.①成… Ⅱ.①黄… Ⅲ.①家庭教育 Ⅳ.①G78

中国版本图书馆CIP数据核字（2017）第051002号

成长的印记——正面教育40例

黄 琦 著

主 管：山东出版传媒股份有限公司
出 版 者：山东教育出版社
（济南市纬一路321号邮编：250001）
电 话：（0531）82092664 传真：（0531）82092625
网 址：www. sjs. com. cn
发 行 者：山东教育出版社
印 刷：山东泰安新华印务有限责任公司
版 次：2017年4月第1版第1次印刷
规 格：880mm×1230mm 32开本
印 张：7.125印张
印 数：1—4000
字 数：108千字
书 号：ISBN 978-7-5328-9726-1
定 价：28.00元

（如印装质量有问题，请与印刷厂联系调换）
印厂电话：0538—6119313